一瞬で悩みが消えてなくなる

満月の法則

佐藤康行

サンマーク文庫

文庫版まえがき

ＶＵＣＡ（ブーカ）という言葉をご存じですか。ＶＵＣＡとはVolatility（変動性）、Uncertainty（不確実性）、Complexity（複雑性）、Ambiguity（曖昧性）の頭文字を並べた造語で、わかりやすく言うと「社会環境で想定外の出来事が起こり、将来の予測が困難な状況」を意味する言葉です。

今の日本、いや世界がまさしくそうで、「ＶＵＣＡの時代に突入した」という言葉を口にする人が少なくありません。

本当ならば、二〇二〇年は東京オリンピックが開催されるなどして、国内外ともに明るい年になるはずでした。

でも、実際はどうでしょう。まったく予期しなかった新型コロナウイルスの蔓《まん》延《えん》によりオリンピックは延期。閉塞感が世の中を覆い、外出自粛を機に企業の多くはテレワーク（在宅勤務）を導入するなど、働き方も大きく変わろうとしていて、先行きに不安をおぼえる人が圧倒的です。

また、コロナ禍以外にも、中年層の自殺やうつ病、引きこもりが社会に蔓延する中で、現代人の多くは生きる希望を見出せないでいます。


こう言うと、お先真っ暗のように思えますが、決してそんなことはありません。

あなたが見ているこの世の出来事、あなたが体験している多難な出来事は、ほんの一部だけ。本当のあなたは大変素晴らしい世界の中で生きていて、あなた自身がとても素晴らしい存在なのです。

詳細は本文でお伝えしますが、たとえて言うと、夜空に浮かぶ三日月を見ているようなもの。本当の月がいついかなるときも球体であるように、この世界もあなたという人間も満月のように丸く、欠けているところなど、どこもないのです。


そのことに気づくだけで、未来に夢と希望が持てるようになります。

悩みや苦しみから解放され、真の生きる意味・目的といったものを取り戻すことができるようになります。

過去のつらい出来事や人間関係のトラウマ体験が原因で悶々とした生活を送っているとしたら、それさえも瞬く間に解消することができます。

そのことをお伝えしようと書き著したのが、本書なのです。

たとえて言えば、本書は宇宙船のようなもの。さっそくこの宇宙船に搭乗し、満月探査の宇宙旅行にこれから私と一緒に出かけましょう。

そして、帰還後、あなたの心からどんよりとした雲が一掃され、日光が燦々《さんさん》と降り注ぐようになり、令和の時代を謳歌することができれば、著者としてこれほど嬉《うれ》しいことはありません。

佐藤康行

二〇二一年　二月吉日

プロローグ

あなたも私も最初から〝まんまる〟

本書を手にしたあなたは強運です。
人生で一番大切なものを手に入れることができるからです。
ソクラテスは「汝《なんじ》自身を知れ」という言葉を残しました。
孔子は「朝《あした》に道を聞かば夕べに死すとも可なり」と言っています。
いずれも、自分は何者で、なんのために生きているのかを問うています。
「本当の自分」を知るというのは、人間にとって永遠のテーマなのかもしれません。

本書を一読するだけで、その問題が瞬時に解決すると言ったら、どうでしょう。

「本当の自分」を知ることができれば、生きていることのありがたさ、素晴らしさといったものが体感できるようになります。どんな苦しみや迷い、悩みであっても一瞬のうちに消え失せます。

それだけではありません。読めば読むほど心が浄化され、運命が好転します。過去も他人も未来も、自由に変えられます。

にわかには信じられないかもしれませんね。

人生には煩悩がつきもので、多くの人はそれを十字架のように背負いながら生きています。それに抵抗し、悟りを開こうと、山にこもったり、断食をしたり、滝に打たれるなどの難行苦行をする人もいます。

そんなことなどしなくとも、軽やかに本当の自分を知りながら、すべての苦しみ、迷い、悩みを一瞬にして消滅させることが本当にできるとしたら、どうでしょう。

あなたの身に起きるすべてのことを「吉報」にすることができるのです。いわば、「鏡の法則」や「原因と結果の法則」を超える、人類最強の法則です。原因と結果を同時に変えて、鏡に映る姿を変えることができるのです。

私は、哲学のような難しい話をする気など毛頭ありません。

この本で述べることは、むしろ単純明快、シンプルそのものです。

宇宙に存在するたった一つの法則に気づけばいいからです。

それを、私は**「満月の法則」**と呼んでいます。

まずは次ページのイラストをご覧ください。何に見えますか？

そう、三日月ですね。

しかし、三日月という月は、実際には存在しません。

三日月という月が宙に浮かんでいるわけではありません。

月が勝手に形を変えるわけではなく、実際の形は、いついかなるときも球体

――まんまるです。

それが三日月に見えるのは、太陽の光の反射具合によるもの。たまたま太陽の光が当たった部分だけを見て、三日月、半月、満月だとか言っているわけですね。言い換えると、私たち人間の目からそう見えているだけの**「認識の世界」**なのです。

私たちの目がどう認識しようとも、実際の月はいつもまんまる。

これと同じことが人間に対しても言えます。

「仕事も人間関係もうまくいかない」
「こんなに頑張っているのに報われない」
「生きていてもつらいことばかり……」

こうしたことで嘆き悲しんでいるあなた。それは三日月を見て、何かが欠けている（足りない）という幻を見ているだけではないでしょうか。

そもそもあなたは、三日月ではありません。

本当のあなたは月同様、もともとまんまるなのです。完璧な存在として、この世に生まれてきました。

本書を今読んでくださっているあなたは、犬や猫などの動物ではなく、人間ですよね。別に私はそれを目で確認したわけではないですが、たぶんそうでしょう(笑)。

なぜならそれが「前提」だからです。

あなたが男性なら、別に裸にならなくても、男性ですね。いちいち確認しなくてももともと男性、つまり「満月」なわけです。

そこに気づけば、見える世界が一変します。

スカッとする結末があなたを待っている

私はこれまで三十年以上にわたり、研修・講演・セミナー・面談などで四十三万人以上の人たちの相談を受けてきました。

「今、どんなにつらい境遇にあっても、またそのことで嘆き悲しんでいても、それは自分や相手の三日月を見ているに過ぎない。本当はみんなまんまる、すなわち満月」

この真理を伝えるだけで、目の前の人たちに目覚ましい変化が起こり、本来の姿に戻っていくのを、この目でたくさん確かめてきました。

一方で、悩み苦しむ人は、まるで物質文明の発展と比例するかのように増加の一途をたどっているのも事実です。

今日、私が一人の人を悩みから解放させることができても、別のどこかで新たな苦悩で頭を抱える人が複数生まれています。もし世の中に「満月の法則」が広まれば、より多くの人の悩みを解消できるでしょう。

将来への不安がなくなる。

仕事や職場の人間関係もうまくいく。

夫婦間・親子間の問題が解決し、家庭円満になる。

心身の病がなくなる。

重くのしかかっていた過去の記憶が書き換わる。

人生そのものが劇的に好転していく。

これらが本書の到達点の数例です。

これまでの拙著の集大成として、私の持てるパワーをすべて込めました。

本書を手にしたことは、オセロゲームにたとえて言うなら、今、四方の端にあなたの白い石が置けたと考えてください。

ページをめくるたびに、人生を暗闇にしていた黒い石がどんどん白い石に変わり、読み終える頃には白一色になっている爽快感が味わえることを約束します。

佐藤康行

一瞬で悩みが消えてなくなる　満月の法則　目次

第2章 〝まんまる〟の存在に気づく

第3章　満月へ目を向けると、人生は劇的に変わる

第4章 「満月」に気づくためのエクササイズ

第5章「原因と結果の法則」に縛られない唯一の方法

本文イラスト……山中美保
編集協力……倉林秀光
株式会社ぷれす

第1章

もう、「三日月人生」はやめましょう

頭と心が勝負すると、どちらが勝つか？

本当のあなたは、決して三日月ではない。
満月のように、もともとまんまるな存在である。

このことを実感してもらうための入り口として、私はカウンセリング中にこんな質問をすることがあります。

「あなたの頭と心、闘ったら、どちらが強いと思いますか？」

こう訊《き》くと、たいていの人は黙り込んでしまいます。
考え抜いた末に出てくる言葉も、「頭かなあ……」「いや、やっぱり心かなあ……」といったつぶやき程度です。どちらか断言できる人はほとんどいません。

では、いったい、どちらが強いのでしょうか。

たとえば、上司から大目玉をくらった部下がいたとします。

「なんだ、このひどい営業成績は！　そんなことじゃ万年最下位だぞ。もっと気合いを入れてやれ！」

こう言われた部下は「すみません。頑張ります」とペコペコしながら謝りますが、会社帰りの居酒屋に入ると一変して、同僚にこんなグチや不満を言います。

「部長は現場にいるオレたちの大変さなんか、ちっともわかってない」
「いつもガミガミ言うだけなんだからな。ちくしょう！」

サラリーマンの世界ではよく見受けられる光景ですが、頭と心のどちらに軍配が上がるかは、部下のこの言動でおわかりいただけますよね。

「すみません。頑張ります」とペコペコしているのが「頭」＝「建前」。居酒屋でグチや不満を言っているのが「心」＝「本音」です。

心（本音）と頭（建前）とでは、当然、心（本音）のパワーのほうが強くなり

ます。なので、頭（建前）は心（本音）に太刀打ちできません。

にもかかわらず、上司の前で本音が出ないのは、理性というフタでコントロールしているからです。上司にペコペコ……というフタをすることで、本音があふれ出ないようにしているわけです。

頭と心の関係

頭	建前
心	本音
まんまる	本音中の本音

しかし、より複雑な心の世界の観点から言うと、グチや不満というのは、本当の本音とは言えません。中間の本音とでも言うべきものです。

そのもっと奥に、本当の本音があります。

それは「上司から認められたい」「上司にわかってもらいたい」という気持ちです。それこそ、まさに愛を求める叫び、すなわち本当の自分の心、本音中の本音です。

でも、現実は上司が認めてくれない、わかってくれない。だから、上司を恨んだり憎んだりするようになる。それがグチや不満となって現れるのです。

他人を恨んだり、憎んだりする気持ちのことを、私は**「心のゴミ」**と呼んでいます。

「心のゴミ」はもちろん誰にでもありますが、それが言動となって出てこないように、ふだんは理性がフタをしています。

そのフタを取ってゴミを捨てれば、〝まんまる〟という本音中の本音が出てきます。

頭がプラスでも、心がマイナスだと悲劇が生まれる

頭（建前）と心（本音）が勝負したら、頭よりも心のほうが強い――。

私がそれを如実に感じるのは、「ポジティブ・シンキングや成功法則を実践しても、うまくいかなかった」と言っている人たちの声を聞いたときです。

その種の本をめくると、必ずと言っていいほど、次のようなことが記されてい

ます。

「何事も肯定して前向きに考え、積極的に行動しなさい」

要は、徹底したプラス思考ですね。あれもプラス、これもプラス、とにかく「これでもか」というくらいのプラスずくめ……。マイナスの状況下にあって不快な思いをしているのに、それを無理にでもプラスに思おうと努力しなければならない。

ここに大きな落とし穴があります。

何事も肯定して前向きに考え、積極的に行動することの大切さは、「頭」では理解できても、「心」の中にまでは浸透していきません。

なぜなら、心の中に「ゴミ」があるからです。

心のゴミがある限り、頭はプラスに切り替わったとしても、心はマイナスのまま。結果、自分の心にウソをつくことになります（心のゴミについては後ほど詳述します）。

そもそも**「そう思おう」とするのは、「そう思っていない」から**です。

ましてや、心のゴミが悪さでもしようものなら、さらにマイナスの事態が起きる可能性もあります。

たとえば相手に対して、いつも内心、不満や腹立たしい感情を抱いていたら、何かをきっかけにして「おまえは間違っている」と攻撃的な口調で相手を裁こうとします。

すると、相手もやり返すでしょう。それが職場であれば人間関係がうまくいかなくなり、家庭であれば家族崩壊に向かってしまう恐れがあります。

もっと厄介なのは、不満の矢が相手ではなく、自分に向けられたとき。「オレはなんてダメな人間なのだろう」と自分で自分を裁いて、うつ病など心の病に至るケースもあるのです。

ポジティブ・シンキングや成功法則による弊害は、ほかにもあります。

「あらゆる人、あらゆるものに感謝しなさい」というのがそうです。

理屈として頭ではわかっても、心にまで響かなければ、逆効果を生み出してしまいます。

たとえば子どもの頃、親から差別されたり、虐待されたりしたら、そのつらい記憶は消えず、心のゴミと化します。

その記憶が存在している以上、「親に感謝しなさい」と言われても、なかなか感謝の気持ちは抱けません。

むしろ「感謝しなければならない」と思うほど、感謝できない自分が苦しくなってきます。やがてそれが自己嫌悪となり、自己処罰へと向かうケースもあります。

つまり、前向きな教えを学べば学ぶほど、かえって自分を追い込むことになってしまうのです。

ポジティブ・シンキングは「心の月」をいびつにする

こうして考えてみると、従来のポジティブ・シンキングや成功法則などは、三日月を前提とした「欠けている自分」に、何かを「足そう」とする〝インプットの発想〟で成り立っていることがわかります。

「あなたはこの部分が欠けています。だから、ここを足しなさい。ここを補いなさい」と、三日月を満月の形に近づけようとするのです。

それでは、心のゴミはいつになってもなくなりません。ゴミを見たくないからと、フタをして隠しても腐っていくばかりで、しまいには部屋全体に悪臭が漂うようになります。

それを嗅ぐのは誰でしょう。自分ですよね。

結局、頭（建前）と心（本音）は葛藤を続け、状況はいつまで経《た》っても好転しないことになります。

そうではなく、私の考えはこうです。

人間は月と同じで、もともとまんまる。
本当の自分は、最初からまんまる。
欠けているところなど、一つもない。
だから、何かを足そうとする必要もなければ、補う必要もない。
ただ、そのことに気づくだけでいい。

そうすると、捨てようとしなくても、心のゴミの

欠けている部分を補っても意味がない

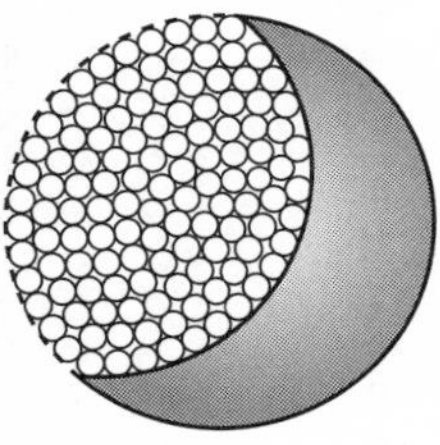

ほうが勝手に消えます。

より正確な言い方をすれば、心のゴミは「消滅」するのではなく、あなたにとってかけがえのない「黄金」へと生まれ変わるのです。

過去の記憶が「心のゴミ」を作り出す

ここで、心のゴミについて、もう少し深く考えてみましょう。

心のゴミと言っても、人それぞれです。人によっては恨みや憎しみがそうかもしれません。怒りがそうかもしれません。嫉妬がそうかもしれません。

また、ネガティブな感情だけがゴミとは限りません。人によっては、情熱や自信や美意識といったものが案外、ゴミだったりすることもあります。

心のゴミは、なぜ生じるのでしょうか。

それは、過去の記憶が関係しています。いえ、過去の記憶そのものと言えるのです。

左の図のように、心は三つの層で成り立っています。

一番上の層、これはふだん私たちが見て、感じ、意識している部分で、顕在意識と呼ばれている領域です。

「上司からせっつかれる前に、プレゼンの準備をしないとなあ」

「今晩は何を食べようかな。あれにしようか、これにしようか」

「子どもの成績が悪すぎる。塾に通わせようか」

このようにあれこれ考えるのは、すべてこの顕在意識の働きによるものです。

顕在意識には、学校で勉強したことや、社会人になって学んだ仕事のノウハウなどがたくさんインプットされているので、知識の倉庫と言ってもいいでしょう。

真ん中の層は、いわゆる潜在意識と呼ばれる領域で、ここには生を受けてから今日に至るまでに体験した過去の記憶のすべてが収納されています。

もっと言えば、今世の記憶だけではなく、前世の記憶、あ

心の三層構造

顕在意識
潜在意識
まんまる

るいは両親やそのまた両親といった先祖の記憶ばかりか、人類が誕生して以来の何世代も前からの記憶がＤＮＡの中に引き継がれているのです。

（ちなみに、潜在意識にはフロイトが発見した個人の潜在意識と、ユングが発見した集合的無意識の二つがありますが、その違いを述べると話が複雑になるので、本書では二つの潜在意識を統合し、一つの潜在意識とします）

外界（心を内界とし、それに対して、目に見える外側の世界）に、そういった記憶が刻み込まれており、前に体験したことと同じような状況が現れると、一瞬にしてその記憶が蘇《よみがえ》ることがあります。

それが、思い、もしくは心です。

そして、一番下の層にあるのが〝まんまる〟の領域。

これこそが本書のテーマとなる核心の部分です。

この〝まんまる〟がいかなるものなのか、これからお話ししていきたいと思います。

その悩み・苦しみは、あなたの「三日月」のせい

潜在意識の中に刻み込まれた過去の記憶の中には、悪いものもあれば、良いものもあります。

悪い記憶でネックとなるのは、それが心の傷（トラウマ）となり、この先の人生の妨げになってしまうことです。

たとえば、「昔つき合っていた恋人にひどい暴力を振るわれた」ことが心の傷になってしまった人は、異性に対する警戒心が強くなります。

仮に新しい恋人ができたとしても、相手がちょっとでも口調を荒らげようものなら、「また殴られるかもしれない」というフラッシュバックが生じ、怯《おび》えてしまいます。プロポーズされたとしても、なかなか結婚に踏み切れない。結局、その相手とは疎遠になっていき、自然消滅……。

この場合、「また殴られるかもしれない」という恐怖心が「心のゴミ」となって、結婚という幸せを阻んでいます。

別の観点から言うと、この人は、プロポーズしてくれた相手の長所を見ようと

していない。口調を荒らげた部分だけを見て、前の恋人のことを思い出し、同じ仕打ちを受けるのではないかと思ってしまう。見えた範囲でしか物事を捉えられないのです。

これが三日月の正体です。

しかし、良い記憶が三日月を作り出し、弊害になることもあります。

たとえば、「お母さんが作ってくれた味噌汁《みそしる》の味が忘れられない」男性がいたとしたら、妻に対しても、お母さんの味と重ね合わせて考えるようになります。「お袋の作った味噌汁とは味が全然違う。こんなの味噌汁じゃない」これを言葉に出されたら、だいたいの奥さんはいたたまれないですよね。夫婦間に亀裂が生じるのは目に見えています。

要するに、お母さんが作ってくれた味噌汁の記憶が「心のゴミ」となって、妻の長所に目が行かなくなる。とにかくお母さんが一番！

これもまた、男性が作り出した三日月です。

本当は誰でも満月。まんまる。完璧。
どんな人にも愛と調和と喜びしかない。

この真理に気づくことさえできれば、〝まんまる〟から光が一気にあふれ出し、潜在意識の中にあった過去の記憶が、一瞬で黄金に変わります。

今までならば、腐ったゴミを相手に投げつければ、相手も腐ったゴミを同じく投げ返してきました。

それが、相手に黄金を与えることで、自分もまた相手から黄金を受け取ることができるようになるのです。

「GIVE＝TAKE」で、三日月は見えなくなる

一つ考えてみてください。

「自分のため」ではなく、「他人のため」に尽くしましょう、という考え方は正しいでしょうか。

「世のため人のために尽くしましょう」「与える生き方をしましょう」というのは、道徳的な教えとして、よく耳にする言葉ですし、確かに素晴らしい考えです。

しかし、世のため人のためだけに無理してそうしようとすると、どこかで自分の心にウソをついているような心持ちになります。そういった自己矛盾が三日月を生み出しかねません。


「自分のため」はダメ。「他人のため」もダメ。

では、いったいどうすればいいのか?

答えは簡単。

自分も喜び、相手も喜ぶ「GIVE＝TAKE」をすればいいのです。

自分の欲だけで仕事をしている人は、言うまでもなく「TAKE&TAKE」の発想ですね。とにかく「よこせ、よこせ」の一点張り。これでは相手が離れていってしまいます。

「TAKE&GIVE」も、相手が先に○○してくれたら、自分も○○してあげるという発想なので、いただけません。

一般的によく言われる「GIVE&TAKE」はどうでしょうか。

一見すると、理にかなっているように思えますが、これも「自分が先に○○してあげるから、後で自分に○○してもらいたい」という意識が根底にあります。その魂胆を見破られてしまうと、相手から警戒されます。

そして一見素晴らしい「GIVE&GIVE」。

「他人のため」と与えてばかりいたら、会社ならば利益がついてこず、倒産してしまいます。「人のため（為）」は「偽（いつわり）」になりかねない。心の奥では見返りを期待している場合もあって、本音は見抜かれてしまうものです。何よりも自分自身が心の底から喜べないでしょう。

これらに対し、「GIVE＝TAKE」は、与えられる相手も、与える自分も、同時に喜ぶことを意味します。そこには何の打算も損得勘定もありません。

良い例が、赤ちゃんにおっぱいをあげているときのお母さん。何か魂胆があって赤ちゃんにおっぱいをあげていますか。そんなことはありませんよね。ただただ、赤ちゃんにすくすく育ってもらいたい一心です。与えることそのものが喜びなのです。そこには愛情以外の何物もありません。

赤ちゃんは赤ちゃんで、お母さんの愛情に包まれながら、安心しておっぱいを飲んでいます。決して警戒心なんか抱いていません。

すべての本質は、人が喜び、同時に自分も喜ぶこと。

もっと言えば、人が喜び、自分も喜び、周りも喜び、社会も喜び、それらすべてが世の中のためになっているということ。

それに気づくだけで三日月は消え失せ、まんまるの月が見えてくるようになります。

あなたの「思い込み」が三日月を生んでいる

みなさんは「群盲、象をなでる」ということわざをご存じですか。

その昔、目の見えない人たちが、象に触れる機会がありました。その中には、足に触れた人、お腹《なか》に触れた人、耳に触れた人、鼻に触れた人がいました。

そんな彼らに対して、象を一度も見たことのない王様が「象とはいかなる動物であるか？」と尋ねると、足に触れた人は「象は立派な柱のようでした」と答え、お腹に触れた人は「太鼓のようでした」と答え、耳に触れた人は「大きなウチワのようでした」と答え、鼻に触れた人は「太い綱のようでした」と答えました。

そのうち、彼らは王様の前で「私が言ったことが正しい」「いや、私のほうが正しい」と口論を始めてしまい、これには王様も困惑してしまいました。

この逸話は「視野の狭い人は物事の本質を正しく理解していない」ということを説き明かしています。

人間関係で悩みを抱えている人も同じく、他人の本質を理解していないところがたくさんあると言っていいでしょう。

たとえば、Aさんという人に接するとき、あなたは過去の記憶（印象）だけで、「Aさんはこういう人だ」と決めつけてはいませんか。

Bさんという人と初めて会うときでも、「Bさんはこういう人だ」という情報をあらかじめ仕入れておき、実際に会ったときに「やっぱりこういう人だ」と確かめたりしてはいませんか。

もう、おわかりですよね。

まっさらな気持ちで相手を見るのではなく、先入観が入った目で見ています。

この先入観こそが心のゴミとなって、あなたを三日月人間にさせてしまいます。

問題なのは、それによって**相手の欠点（三日月の欠けている部分）に目が行ってしまうこと**。

「あなたには△△が足りない。あなたの××がいけない」という目線で応対したらどうでしょう。相手は反発するだけです。それが原因で仲たがいを起こし、職場の人間関係や夫婦仲が険悪になってしまったという話はたくさんありますよね。

では、欠点のある相手が本当に間違っていて、欠点を指摘する自分が正しいのでしょうか。

いいえ、それはまったく違います。

欠点そのものがもともとないのですから、それを指摘して相手を裁こうとすること自体がナンセンスなのです。

欠けた部分に目を向けても意味がない

このことを再び、月にたとえて考えてみましょう。

あなたがお月様を見ているとします。美しい三日月です。

この三日月を、満月に変えようと思いますか。

仮にあなたにその力があったとしても、そんなことは思わないはずです。なぜなら、月はもともと満月、まんまるの形をしていることを、あなたはすでに知っているのですから。

ところが、こと人間に対しては、こう考えようとします。

「この人はこの部分が欠けているから、何かを足して丸くしなければならない。より完璧になるようにしよう。自分の望む形にしよう」

その「何か」とは、注意だったり、叱責だったり、教訓だったり、さまざまですが、このように丸くするために何かを足そうとすることを「かぶせ」と言います。

かぶせられた人にも、それぞれの考えや心があるわけですから、たまったものではありません。

上司がそれを部下にやったら、パワハラですよね。夫婦間、親子間ならば、ドメスティック・バイオレンスや虐待につながりかねません。

実際、子どもの非行や引きこもりは、親の「かぶせ」が大きな原因になっている場合も多いのです。

親は子どもに対して「良い学校、良い会社に入ってほしい」という願望を抱いていて、子どもを無理にその型にはめようとします。言い換えると、親は子どもを自分の所有物とばかりに利用して自分の欲求を満たそうとするのです。

そうなると、子どもはそこから逃避しようとします。それが形として現れたものが、非行や引きこもりです。

「欠けて見える三日月は本当の月ではない。過去の記憶が作り出した先入観によって三日月に見えているだけに過ぎない。自分の認識の世界がそうさせているに過ぎない。本当はどの人もみんな満月」

「相手の三日月しか見えないのは、自分が三日月の心で相手を見ているから。本当はお互いに欠けているところが何一つないまんまる」

「あの人も満月。私も満月。みんな満月」

この真実に気づくだけで三日月が消え失せ、まんまるの満月が見えるようになります。人間関係も今までよりはるかにうまくいきます。仕事であれば上司・同僚・部下、そしてお客様とも良好な関係を築けるようになります。家庭であれば仲の良い親子関係、夫婦関係を築けるようになります。

あなたという人間は、公私を問わず、誰からも愛される存在だと気づくのです。

幸せを願うのは、今が幸せでないから

私たちは大なり小なり「いつか、こうなりたい」と、理想とする将来像を思い描いています。

しかし、考えてみてください。

「そうなりたい」と思うことは、現在は「そうではない」ということですよ。

そもそも、将来の目標は、遠い先にあると思っていませんか。

幸せを求め、頑張って三年後に幸せがあるとしたら、**そこに至るまでの三年間**

は、**不幸せ**ということになってしまいます。

「幸せになりたい」と願うことは、自分が今「幸せでない」と告白しているようなものですから。

同様に、「お金持ちになりたい」と思うのは、今「お金持ちでない」ということですよね。

今、この瞬間、幸せだと心から思えたら、幸せが後から寄ってきます。

あなたの「幸せだ！」という心に沿ったものが引き寄せられてくるのです。まるで類が友を呼ぶように。

目標を設定した瞬間、今はまだその目標に遠く及んでいない、と意識してしまいます。

私たちはもともと〝まんまる〟なのですから、**その目標は心の中ですでに達成されていることに気づくだけでいい**のです。

あなたの嫌いな人を思い浮かべてみてください。

過去にきっと嫌なことを言われたか、意地悪されたかしたのでしょう。

でも、その嫌なことを「忘れよう」と努力したら、忘れられますか。

忘れようとすればするほど、それが湧き上がってくるのではありませんか。

忘れようとすることは、忘れていないということ。

忘れているものは、忘れようなんて思わないものです。

ましてや、相手を「好きになろう」なんて考えること自体、相手のことが嫌いだということをいつも再確認しているようなものです。


では、どうすればいいのか。

具体的な方法は、第4章のエクササイズに書きますが、あいつは嫌だけど、あいつがいてくれたおかげでこういう気づきがあった、あいつのおかげで物事を深く見られるようになった、などと、考えられる限り良かったことを挙げていってください。

嫌なところばかりを見ていると、それがますます大きくなってしまいます。

そこに焦点を当てず、周りを見渡して、素晴らしいところに目を向けるというイメージをしてください。

良いこと、素晴らしいことばかりを見るようになると、相対的に嫌な面が消えていきます。あなたも試しにやってみると、それが実感できるはずです。

チューリップとバラは、どちらが美しいか?

近年、盆栽は外国人にとってちょっとしたブームで、日本で開催される展示会や見本市を見学するためだけに来日する外国人も多いと聞きます。

しかし、盆栽がどんなに美しいものであっても、人(盆栽職人)の手によって作られた人工的な美です。

一方、山に生えている天然の木々には、自然本来の美しさがあります。天が与えた本当の美と言ってもいいでしょう。

同様に、人間にも天から与えられた自然の美——個性というものがあります。

その自然美を生かそうとせず、思い込みによって人工的な美を作り出そうとするとどうなるでしょうか。

どうしても不自然な形になって、本来の美が感じられなくなります。なりたい自分になれない、というのも、天が与えてくれたその人本来の個性に気づけていない場合が多いのです。

では、なぜ気づけないのでしょうか。

「あの人みたいになれたらいいなあ」という憧れ、あるいは「あの人みたいになったら格好いい」という見栄や虚栄心が邪魔をしているからなのです。

たとえば、あなたがチューリップだとします。

チューリップであるあなたがバラを見て、「何と気品があって美しいのだろう。私もバラのように咲きたい」と思ったら、どうでしょう。

その願いは叶《かな》うはずもありません。チューリップはチューリップ。どんなに頑張っても、決してバラにはなれません。それは不動のものです。

なのに、バラのように咲きたいと思った瞬間、劣等感が生まれます。嫉妬心が出てきます。そして、バラになれない自分に悩みます。

逆に、オレはバラよりきれいだぞ、と傲慢になるケースも、幸せな状態ではありませんよね。

それはバラのほうだって同じです。

「あんな可愛《かわい》いチューリップになりたい」と願っても、チューリップになることはできません。それぞれの特質や個性を無視して別の個性に魅せられ、「ああなりたい」と思っても、叶うことはありません。

そうではなく、それぞれが、自分の本当の種（個性）に気づき、自分を生き切ればいいのです。

本当の自分を知るというのは、そういうことなのです。

〝まんまる〟には個性がない？

ここで一つ注意したいことがあります。

それは、〝まんまる〟にはもともと個性がないということ。

個性がないからこそ、自分の個性が明確になります。

メガネのレンズがもともと透明だからこそ、色の違いがわかるのと同じ理屈です。

言い換えれば、生命に個性がないのと同じです。

人間の命も、サルの命も、犬の命も、昆虫の命も、バラの命も、生命というレベルでは差がありません。すべての命はもともと完全・完璧かつ同等価値です。

しかし、それぞれの命を全うしたときに、初めて個性が出てくるのです。


大きなくくりで言うと、人間には二つの性質があります。

①ヒトを相手にして能力を発揮するタイプ
②モノを相手にして能力を発揮するタイプ

細かく言えば、②の場合でも、音楽や絵画などの「動かないもの」を相手にしたほうが能力を発揮するタイプと、サッカーや野球などの「動くもの」を相手にしたほうが合うタイプがあります。

仕事にたとえると、①のタイプなら、営業職が合うのに事務職を目指してしまったり、経営者に向かないのに社長になることが成功だと思い込み、結果うまくいかず、健康を害したり、家族までバラバラになったりしてしまいます。

〝まんまる〟に気づけば、おのずと自分の一番奥にある個性が使命、天命として見えてくるのです。

あなたの「心の門番」は意地悪です

欠けて見える三日月は、本当の月の形を表してはいない。

過去の記憶が作り出した先入観によって三日月に見えているに過ぎない。

自分の認識の世界がそうさせているだけだ。

本当は、どの人もみんな満月。完璧なまんまる。


この真理は恋愛・結婚運が停滞している人にも当てはまります。

「なかなか恋人ができない。結婚ができない」などと思い悩むのもまた、過去の記憶が作り出した心のゴミによって、相手の三日月しか見ていないからです。

こと恋愛や結婚に関して言えば、先入観は心の中に「厄介者」を雇い入れようとします。誰だと思いますか。

それは「心の門番」です。

心の門番はとても意地悪で、相手が現れても「この人は違う。帰れ！」「おまえなんか、あっちへ行け！」と追い払ってしまうことがあります。

例を挙げて説明しましょう。

以前、交際していた男性に裏切られた女性がいたとします。それが悲しい記憶（心の傷）となり、「もう、二度とあんな目には遭いたくない」と思うようになります。

その結果、彼女を決して裏切ったりしない素敵な男性が現れても、バリアを張ってしまいます。

その男性は以前の恋人とはまったく違う人間なのに、心がそのように作用してしまうのです。

もっとも、過去のつらい記憶だけが、心の門番になるとは限りません。

以前の恋人がとても魅力的な人で、声や表情、立ち居ふるまいなどが素敵だったとします。

そうすると、新しい恋人が現れても、無意識に前の恋人と比べ、「ここが違う」「あそこがなっていない」と思うようになります。

それが言動になって表れたらどうでしょうか。

うまくいくはずの恋もダメになってしまいますよね。

相手の満月に気づこうとせずに、勝手に三日月だと思い込んでしまっているのです。


そんな意地悪な心の門番なんかお役御免にして、出会いを応援してくれるウェルカム精神に満ちた門番を雇い入れてはどうでしょう。

こちらの門番は、相手の満月だけを見ています。

相手のことをもともと完璧な人だと思っています。すべてにおいて素晴らしい人だと思っているのです。

そういう門番に任せておけば、運命の赤い糸で結ばれた人が現れたときに、門前払いをしてしまうこともないでしょう。

病気を友達にして愛している人がいる

さて、ここで病気についても少し触れておきましょう。

世の中には、いつもどこかが悪いと言って医者に行くことを、趣味のようにしている人がいます。

「最近、血圧が高い」「ここ数日、胃の調子がおかしい」などと言っては薬を飲んだりする人。ちょっとお腹をこわして下痢をしただけで「大腸ガンだったらどうしよう……」と落ち込む人。何度検査をしてもこれといった異常がないのに「今日は頭が痛い」「腰が痛い」と、どこかしら異常を訴える人。

これらの人たちには、一つの大きな共通点があります。

何だと思いますか？

それは、無意識のうちに病気を愛してしまっていること。

「早く病気を治したい」「健康体になりたい」と口では言いながら、じつは病気と仲の良い友達になろうとしているのと等しいのです。

なぜ、病気と友達になろうとするのでしょう?

それにも心のゴミが関係しています。この場合は、他人を恨んだり憎んだりする気持ち、あるいは自分を責め立てる気持ちのことです。

こうしたマイナスの念が、体の不調和を引き起こしてしまうわけです。

肉体は心の結晶体です。体に現れる病気は、心に原因があると言えます。

私の元へ、ガンになった人も数多く相談に見えますが、多くの場合、その人たちの心の中に、誰かを恨んだり憎んだり、あるいは自分を責め立てたりする気持ちがあります。

次ページのイラストをご覧ください。これはガンの木を表しています。

他の木と同様、地上に現れた幹や枝葉の部分と、地下の根っこの部分がありま す。幹や枝葉の部分が体、根っこの部分は心だと考えてください。

体の中にガンの木ができれば、通常の医学では、表面に現れた幹や枝葉の部分

ガンと心の関係

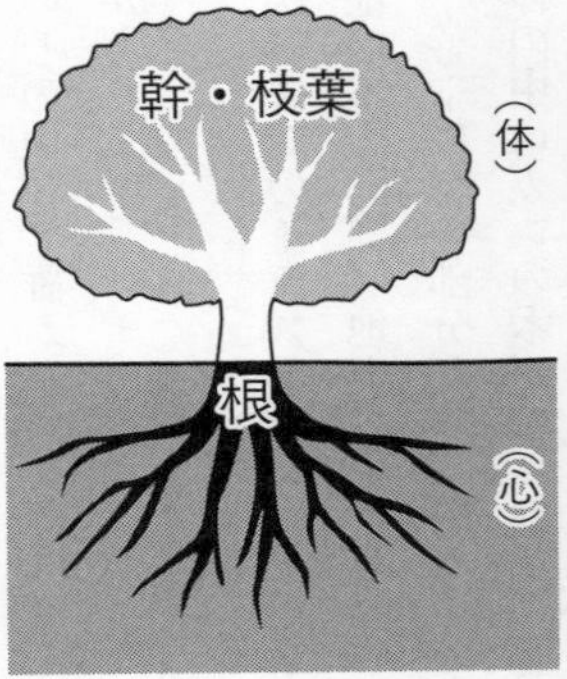

に放射線を当てたり、抗ガン剤を投与したり、手術をしたりして取り除こうとします。しかし、元になっている根っこを取り除かないと、見かけ上は消えても、再発する可能性があります。

根っこをなくしてしまえば、上の幹や枝葉もおのずと消滅し、ガンそのものが消えてなくなります。

では、どうすれば根っこ（マイナスの念）を一掃することができるのでしょう。

病気というものは初めから存在していない！

結論から言います。

なくそうとか、一掃しようとかせずに、**「そんなものは初めからなかった」と気づくだけでいいのです。**

すると、根っこそのものがなかったことになり、それに伴って三日月の樹木は枯れて消えてしまいます。

本来、人間の体には病気やケガを治そうとする働きがあります。いわゆる自然治癒力と言われるものです。

ところが、前述したように、病気になる人は無意識に病気を愛しています。綱引きにたとえて言うと、自然治癒力と病気を愛する心が引っ張り合いをしているような状態です。病気を愛する力が増せば、その人の病気はどんどんひどくなっていってしまいます。逆に、自然治癒力が勝れば、その人は回復の方向に向かいます。

この綱引き勝負で、自然治癒力に勝たせたいと思ったら、どうしますか。自然治癒力に味方して、そちらの綱を引いてあげますよね。

それでいいのです。自然治癒力の味方になってあげればいいのです。

そうすれば、自然治癒力のパワーもスピードも大きく高まるようになります。

それは、難しいことではありません。

あなたがやるべきことはただ一つ。

満月に気づくだけ。ほかには何もありません。

自然治癒力の発信源は〝まんまる〟であり、本当の自分そのものなのです。


あなたはもともと完璧な存在。

病気とはいっさい無縁の生命体。

健康な満月そのもの。


同じことは、うつ病をはじめとする心の病にも言えます。

うつ病になった人にとっての「心のゴミ」は、自分を責める心です。寝ても覚めても、「自分はダメな人間だ」と責め立て、自分に裁きの矢を向けます。

その結果、それがうつ病特有の症状となって現れる。医者は患者の三日月を見て診察する。そして大量の薬を出す……これが従来のパターンです。

私が主宰するクリニックでは、うつ病の患者さんを三日月とは見ていません。

完全な満月、完璧な存在という前提で接します。

そして、心のゴミを排除することに気づいてもらうだけ。その人が生まれる前から持っているDNA（根本原因）と、生まれてから今日に至るまでの環境や人間関係によって影響を受けたこと（環境原因）を、自分の満月に気づくことで、自身で消し去ってもらうだけなのです。

不完全からその人を見るのではなく、完全から見る。

すると、驚くことに九十パーセント以上の確率で、うつ病は瞬く間に消えていきます。寝ている間に悪夢を見ていて、それが現実のように思えていたとしても、目が覚めたら、それが一瞬で消えるように。

一般的に、精神科や心療内科などでは、うつ病が治ることを「寛解する」と言いますが、私のクリニックに来た人たちは口々に「消えました」と言います。

それもそのはず。心の病など最初からなかったわけですから。

あなたは本当の人生の一割しか生きていない

これまで述べてきたことを、改めて整理してみましょう。

本来のあなたは、もともと満月です。

にもかかわらず、三日月人生を送っているとしたら、過去の記憶によって作り出された「心のゴミ」がそうさせているに過ぎません。

仕事、お金、人間関係、恋愛・結婚、理想とする将来像、健康状態……そういったものに不安を感じたり、悩みがあるとしたら、それはあなたが思ったこと（原因）の表れ（結果）ということ。すべては過去の集積なのです。

ただ、こう言うと、こんな疑問が湧くかもしれません。

「今、自分の体験していることが過去の集積だとしたら、それが原因でこれからも同じことが続くことになるのでは？」

「今の自分は過去のつらい体験によって、心がマイナスに傾いている。今がマイナスなら、未来もマイナスの人生が待ち受けているのでは？」
「このパターンが死ぬまで続くと思うと、憂うつな気分になるのでは？」

このような心配はまったくいりません。

なぜなら、あなたの今の人生が過去の記憶の積み重ねによってマイナスになっていたとしても、その土台を根底から変えることができるからです。

今の思い、想念という土台を根底から変える。それによって過去が自由に書き換わる。そして、同時に未来も変わるのです。

つまり、今の心という原因が、過去と未来という結果を、同時に書き換えるのです。

あなたのこの先の人生は、素晴らしい方向に必ず書き換わります。あなたは運命を自由に操ることのできる「運命の支配者」になれるのです。

あなたはこれまでの人生において、満月の自分を自覚していなかったのかもしれません。満月の自分を生き切っていなかったのかもしれません。自分が体験してきたこと、生きた証《あかし》だと思っていることは、三日月の自分だったのかもしれないのです。

一刻も早く、満月の自分を自覚して生きてみませんか。

それは自分の中にある〝まんまる〟に気づくだけで可能になるのです。

頭で考える世界と訣別すると、満月が見えてくる

これまで私たちは、自分という人間を二つの側面から評価してきました。

一つは、他人が評価する自分。

もう一つは、自分が評価する自分です。

他人が評価する自分というのは、あなたに対する表面的な評価のことを言います。「あなたはこういう人だ」「あなたにはこういうところがある」……。

しかし、それはあなたのほんの一部を評しているだけであって、枝葉を見て大

木を語っているようなもの。あなたの実体ではありません。

自分が評価する自分はどうでしょう。

これもあなたの実体とは言い切れない部分があります。

「私はこういう人間です」と言う人がいますが、それは「私にはこういう面もあります」と言うのが正しい表現です。

「こういう面がある」ということさえも、自分が過去に体験したことに基づいて判断しているのではないですか。思い込みがそうさせている可能性が高いのです。

他人が評価する自分も実体がない。自分が評価する自分も実体がない。

では、満月そのものである「本当の自分」はいったいどこにあるのでしょうか。

どうやったら見つけ出せるのでしょうか。

その鍵となるのが〝まんまる〟です。本当の自分は〝まんまる〟であり、「宇宙の法則」そのものであり、とてつもなく素晴らしい存在です。

もし、この世に神様・仏様がいたならば、あなたも私も神様・仏様そのものであるというのが大前提なのです。

したがって神様・仏様にすがる必要もなければ、崇《あが》める必要もありません。

仏教では「南無阿弥陀仏《なむあみだぶつ》……」「南無妙法蓮華経《なむみようほうれんげきよう》……」と唱えますが、どちらも同じ意味です。「本当の自分に目覚めよ」と言っているのです。

座禅や瞑想《めいそう》なども、そのために行っているのです。

ただし、どちらも悟りの境地に達するまでには、ものすごく時間がかかります。

ほとんどの人は、たどり着かずに人生が終わってしまうかもしれません。

難行苦行もつきものです。ましてや、日々の仕事や家事・子育てに追われている人からすれば、そんなことに費やしている時間なんてありませんよね。

悟っていない状態から悟りの状態へ行くのではなく、もうすでに悟っている自分が心の中にあることに気づくだけでいいのならば、どうでしょう。

時間をかけて難行苦行を行う必要もありません。

自分が〝まんまる〟そのものだという大前提で生きること。

それは決して難しいことではありません。「私は男（女）だ」「私は人間だ」ということに気づくのに時間はかかりませんよね。だって、もともとそうなのですから。

不完全な三日月を見ず、完璧な満月を見ることができるようになると、愛と感謝と喜びで心が満たされます。

過去も未来も、一瞬にしてハッピーになるのです。

打った球すべてがホールインワンになる？

未来ならまだしも、過去をハッピーにできるというのは、どういうことでしょうか。

過去の記憶は、あたかも真っ白なキャンバスに描かれた模様のようなものであると、私は考えています。

しかし、一度描かれた模様を、時を戻して書き換えることはできないので、人は良くも悪くも、自分が描いた模様どおりの人生を歩んでいかなければなりませんでした。過去の記憶と同じことをし、一喜一憂を繰り返す人生です。

〝まんまる〟に目覚めると、それが一変します。

キャンバスに描かれた過去の記憶という模様があっという間に消え、真っ白になります。だから、その人が望む幸せ模様を、真っ白なキャンバスに自由に描けるようになるのです。

たとえば、学生時代にイジメに遭って不登校に陥り、高校を中退したAさんという人がいたとします。その後なんとか仕事に就けたものの、イジメられたショックのせいで対人恐怖症に陥り、職場の仲間となじむこともできなければ、友達と呼べる人も一人もいません。唯一の楽しみと言えば、大好きな本を読むことくらい。しかも学歴がなく、給料も安く、万年ヒラ。結婚もできない。そうこうしているうちに、リストラに遭い、会社をクビになってしまいました。

この例を見れば、Aさんの人生はお先真っ暗闇のように思えます。Aさんの心の中のキャンバス模様は完全に乱れ、真っ黒のように見えます。

そんなAさんでも、キャンバスを元の真っ白な状態に戻し、望んだ人生を全うできるような絵に描きなおすことができます。これまでに体験したさまざまなつらい過去も、**「すべて良かった過去」**に転じることができるのです。

過去の経験のすべてが、心のゴミから財産（黄金）へと変わり、仕事も人間関係も恋も、何もかもがすべてうまくいくようになります。

イメージとしては、百発百中のゴルフ。

打ったボールがすべてホールインワンになると思ってください。

ゴルフはカップ（穴）に向かってボールを打ち入れるゲームですが、実際のゴルフでは、カップを目指してボールを打っても、まったく違う方向に飛んだり、バンカーにつかまったり、OBになったりします。

〝まんまる〟のゴルフは違います。

ボールがバンカーの方向に飛ぼうが、OBゾーンに向かおうが、ボールの落ちる先にカップがサーッと移動して、ボールが吸い込まれるように入ってしまう。だから、打ったボールすべてが、ホールインワンになるのです。

言ってみれば、究極の後出しジャンケンですね。

すると、どうなるか。

困難に見舞われたり、予期せぬこと、意にそぐわないことが起きたとしても、結果として、人生が一番良い方向に向かっていきます。

すなわち、〝これで良かった、最高の自分〟になるわけです。

先ほどのAさんの例で言えば、リストラに遭い、会社をクビになったおかげで、再就職先で個性や能力を発揮し、収入が大幅にアップし、とんとん拍子に出世していく。しかも、その会社で知り合った女性と結婚して、幸せな家庭を築いていく……ということです。

いえいえ、それではスケールが小さすぎますね。

読書好きが高じて、「自分も小説を書いてみよう」と決意して、仕事の傍ら小説を執筆。それを文学賞に応募したら大賞を受賞し、ベストセラー作家の仲間入りを果たしたとしたらどうでしょう。

「じつは小学生のとき、イジメに遭って対人恐怖症に陥り、人と接するのが嫌になって、いつも人の目や相手の気持ちばかりを考えていました。だから、人の喜怒哀楽がわかり、感動を与える本が書けた。あのときイジメられて良かった」

こういうことが本当になります。

では〝まんまる〟とはいかなるものなのか？
どこに存在するのか？
どうやって気づけばいいのか？

次章から、いよいよその核心に迫っていきましょう。

第2章

〃まんまる〃の存在に気づく

どうしても手放せないものを簡単に手放す方法

今、あなたが百万円の札束を握りしめているとします。

あなたにとって、生活していくために、とても大事なお金です。

一方、私の手にはダイヤモンドがあります。

私が「このダイヤモンドには百万円の価値があります。あなたの札束と交換しませんか？」と言っても、あなたはきっと交換に応じませんよね。

では、私が次のように言ったらどうでしょう。

「このダイヤモンドには数億円の価値があります。いや、今は数億円であっても、日が経《た》つにつれ、その価値はもっともっと上がっていきます」

あなたは交換に応じようとするのではないでしょうか。

自分にとって、そのお金は大事なものです。

でも、もっと価値のある存在に気づき、それが瞬時に手に入れられると知ったとき、なんのためらいもなく百万円を手放すことができると思います。

同様に、〝まんまる〟の存在に気づくことができれば、一瞬でこれまでの考えや価値観を捨てることができます。

その正体を知り、しかも自在に使いこなすことができるとしたら、素晴らしいと思いませんか。

〝まんまる〟は、わずか数秒で確認できる！

〝まんまる〟はいつも私たちのそばにあって、つねに私たちを生かそうとしてくれている、大いなる存在です。

そのことを数秒で確認できる方法があります。

あなたの手首の血管に指先を当ててみてください。ドク、ドク、ドク……という鼓動が確認できますね。言うまでもなく、これは心臓の働きによるものです。

心臓は、私たちが生まれる前に母親の胎内で活動し始めるや、一度も休むことなく、その人の寿命が尽きるまで動き続け、一日に最大で十トンもの血液を送り出しています。牛乳パックにすると、八千〜一万本。

血液が流れる血管は、人体すべてをつなぎ合わせると十万キロ。これは地球を二周半する長さになると言われています。血管を流れる血液の速度も時速二百十六キロ。新幹線並みの速さです。

食べ物の消化機能はどうでしょう。あなたが食べたものは、口からノドを通り、食道を経由して胃に入ります。そこで胃液によって消化され、お粥《かゆ》のような状態になって小腸へと送られます。

小腸は胃で消化されなかったものを消化するとともに、消化したものの中から体に必要な栄養素だけを選択・吸収してくれます。

栄養価がなくなった食物廃棄物は大腸へと送り込まれ、そこでは水分が吸収され、直腸に到達。大便として肛門《こうもん》から排泄《はいせつ》されます。

あなたはこの働きをどう考えますか。

心臓はなぜ動き続けるのか。食べたものは、なぜ消化され、排泄されるのかを、考えたことがありますか。人知を超えた臓器の働きは、本当に驚異そのものですよね。

これこそが、生命を営む元の元である存在、〝まんまる〟の力によるものです。

大宇宙の中に銀河系があり、銀河系の中に太陽系があり、太陽系の中に地球が存在しています。地球は一定の速度で回転し、長い歳月をかけて、水や空気を育んできました。そして、水や空気、温度や湿度が一定の条件に達した環境下で人類は誕生しました。あなたも私も例外ではありません。

生きていくのに一番適した環境の中で生まれてきた人類。どれ一つ欠けてもダメなのです。全部そろった環境だからこそ生きていられるし、こうして本も読める。まさに奇跡以外の何物でもありません。

これが〝まんまる〟の力です。

人間が作り出したものはこの世に何一つない

ところが、多くの人はそのことに気づかず、自分たちは万能だと思っています。そう思う気持ちもわからなくはありません。

冷蔵庫やテレビといった電化製品を作り出したのは人間ですし、自動車や飛行機もそうです。ほかの動物には絶対にできないことです。

では、何かを作り出すという点において、人間が一番偉いのかというと、そんなことはありません。人間は新しいものなど、何一つ作っていないからです。

地球にあるすべての物質は、人類が誕生する以前からもともと存在していたもの。「この物質とあの物質を組み合わせたら、こういう化学反応が起き、こういう物質になる」というのは、すでに決まっていたとも言えます。

人間は、もともと存在していたものを組み合わせ、加工しているに過ぎないのです。

電化製品に欠かせない電気だってそうです。

電気の存在を発見したのも、発電方法を発明したのも人間ですが、それは人間がたまたま気づいただけのこと。宇宙――地球には人間が気づく前から、電気も発電のメカニズムもすでに存在していた、と言ったほうが正しいのではないでしょうか。

飛行機も同じです。

「この材料とあの材料を組み合わせ、この燃料をこのように使えば空を飛ぶ」ということを考え出したのは確かに人間です。

では、材料となるアルミニウムは人間が作ったと言えるでしょうか。燃料となる石油（ガソリン）も人間が作ったと言えるでしょうか。どちらも違いますよね。最初からこの地球に存在していたものを単に見つけたり、開発したりしただけですよね。

このように考えると、人間がゼロから作り出したものなど、何一つありません。人間が作ったと思っているものは、すべて宇宙が創造したもの。

すなわち〝まんまる〟の恩恵を享受しているだけなのです。

〝まんまる〟とあなたは見えないところでつながっています。

いえ、つながっていると言うより、あなたは〝まんまる〟の一部です。

〝まんまる〟が大海原だとしたら、人間は海上の波のような存在と言ったらいいでしょうか。

人間は三つの「体」でできている

〝まんまる〟と人間がどのように関わり合っているのか、相関関係について考えてみましょう。

人間は、大きく分けると三つの「体」によって成り立っていると私は考えています。

一つめは「肉体」。骨、筋肉、血管、内臓やもろもろの器官、脳、皮膚など、人間の体を構成する「目に見えるもの」です。顕微鏡で確認できるという点においてはDNAもこれに該当すると言っていいでしょう。

二つめは「心体」とでも呼ぶべきもの。これは目には見えませんが、確実に存在する心のことです。第1章でも述べましたが、心はさらに三つの層に分かれていて、一番上の層を顕在意識、真ん中の層を潜在意識と言います。

顕在意識は心の中でも一番浅い部分にあり、理性や観念のことを言います。ふだん私たちが何かを見て、感じたり、理解したりできるのは、すべて顕在意識の働きによるものです。

よく、何かを実行しようとして、うまくいかないときなどに、「頭ではわかっているんだけど……」「理屈はわかるんだけど……」と言う人がいますが、これはまさしく顕在意識が理解したということ。

知識や情報をインプットしたに過ぎないと解釈するとわかりやすいと思います。

人間の「三つの体」

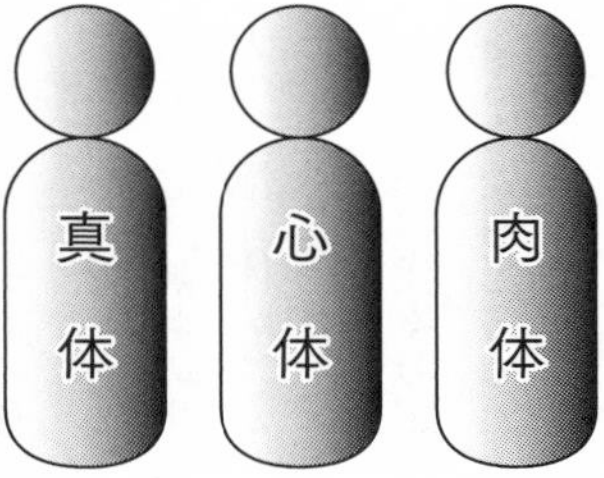

顕在意識が「知識の倉庫」だとしたら、真ん中の層にある潜在意識は「記憶の倉庫」です。過去の嬉《うれ》しかったこと、楽しかったこと、悲しかったこと、つらかったことなど、無数の出来事の記憶は、すべてこの中に保存されています。

過去の記憶（体験）が心の傷（トラウマ）となって、これからの人生の妨げになってしまうことは、すでにお話ししたとおりです。

しかし、先祖代々の記憶や前世の記憶も組み込まれているという点においては、好影響ももたらしてくれます。むしろ、そのおかげで生命体が維持できると言っても言いすぎではないでしょう。

野生の動物が良い例で、シマウマなら草を、ライオンなら肉を食べます。シマウマが草を食べているとき、ライオンがやってきたらどうするか。立ち向かっていくなんてもってのほか。すぐに逃げ出しますよね。

一般的にこれを本能と言いますが、本能とは何世代も前からの記憶をＤＮＡとして引き継いだものを言い、それをつかさどっているのが潜在意識だと言えばわかりやすいと思います。

本能の大本をたどっていくと、「愛」と「恐怖」の二つに行き着きます。

「愛」というのは、雄と雌が交尾をして子孫を残す、生まれてきた子どもを育てるという行為がこれにあたり、「恐怖」というのは天敵が来たら身を守るために逃げるといった行為がこれにあたります。シマウマをはじめとする野生動物は、この「愛」と「恐怖」が備わっているおかげで、絶滅の危機から逃れることができるのです。

「愛」と「恐怖」は、生命維持の本能なのです。

しかし、人間には「考える」という独特の機能があるので、もう少し複雑です。

プラスは、「明るく」「前向きに」「積極的に」「夢を持って」「目標を持って」「プラス思考で」「愛と感謝の気持ちで」「素直な心で」「勇気を持って」といった心です。

マイナスは、「暗く」「後ろ向きに」「人を恨んで憎んで妬んで」「傲慢で」「偏屈で」「マイナス思考で」といった心です。

プラスの心とマイナスの心、どちらが人生に好結果をもたらすかはあえて言うまでもありません。しかし、頭ではわかっていても、いざとなると「マイナス思考」が頭をもたげてしまうのです。これがなかなかままなりません。

第1章でも述べたように、プラス思考の大切さが顕在意識では理解できても、潜在意識に蓄積された過去の記憶がマイナスばかりだと、「心のゴミ」となって弊害をもたらし、潜在意識にまで浸透していかなくなります。すると、潜在意識はいつまで経ってもマイナスのまま、顕在意識だけがプラスという状態になるわけです。

そうなると、潜在意識にプラスの思いをインプットしようとしても、過去の記憶を消さない限り、潜在意識に好影響を与えることはほとんど不可能なのです。

そこで目を向けてほしいのが、「肉体」「心体」の次にくる三つめの「体」です。これこそが〝まんまる〟。心の層で言えば、潜在意識の下にある領域です。ここに「本当の自分」「真実の自分」というものが存在するのです。言ってみれば「真体」でしょうか。

あなたが、「真体」＝〝まんまる〟であることに目覚めたとき、潜在意識の中にある過去の記憶は瞬く間に消滅します。

〝まんまる〟に気づくと、人は一瞬で変わる

では、〝まんまる〟をひと言で表現すると、どういう言葉が的確なのでしょうか。

「愛そのものの世界」「感謝そのものの世界」「喜びそのものの世界」、あるいは「宇宙意識」とも言えます。宗教心のある人は「内なる神の心」、あるいは「仏性」「実相」と解釈してもいいでしょう。

いずれにせよ〝まんまる〟は完全・完璧で、何一つ迷いのない素晴らしい世界。無限の愛にあふれた大調和の心、歓喜にあふれた心です。

それをどう表現するかよりも、〝まんまる〟が人間の心のもっとも深い部分にすでに存在していることを自覚することのほうが大切で、それは特定の人だけではなく、どんな人の心の奥にも共通して存在するものだということを大前提とするのです。

また〝まんまる〟には、顕在意識や潜在意識とはまったく異なる特徴があります。顕在意識は「損か？　得か？」で物事を判断し、潜在意識は「好きか？　嫌いか？」で物事を判断するのに対し、〝まんまる〟には「愛と感謝」の判断基準しかないのです。

たとえば、Bさんという人が病気になった父親を介護しなければならないとします。このとき、Bさんが「どうせ、親父の介護をしても、遺産なんてほとんど入ってこないし、何の見返りもない。よし、妹に介護を押しつけてしまおう」と考えたら、これは完全に顕在意識の働きによるものです。

しかし、なぜそう思うのかについては、潜在意識の中に次のような記憶があることが関係しています。

「子どもの頃、親父から散々殴られた。妹ばかり可愛《かわい》がられ、悔しい思いをしてきた。だから、親父なんて大嫌いだ」

しかし、〝まんまる〟に目覚めると、「損か、得か」「好きか、嫌いか」がなくなり、こんな思いが心の底から湧き上がってくるようになります。

「親父がオレを殴ったのは、オレのことを誰よりも愛してくれていたからだ。人一倍、心配してくれていたに違いない。今になってようやくそのことに気づいた。お父さん、本当にありがとう。感謝してもし切れない。これからは喜んでお父さんのお世話をしよう。お父さんと密に接する機会ができて本当に良かった」

にわかには信じられないかもしれませんが、これが真実です。

私はこれまで「恨み」「憎しみ」「怒り」といった感情を抱いていた人が、魂が揺さぶられるような感動を味わうことで、一気に「愛と感謝」の思いに逆転する場面をたくさん見てきました。

その人の内にある〝まんまる〟は、「愛そのものの世界」「感謝そのものの世界」「喜びそのものの世界」。それが本当の自分。そのことを全身で体感したとき、人の心は一瞬にして変わっていきます。

心の中に闇の部分があったとしたら、〝まんまる〟は光そのもの。真っ暗闇の部屋に電気をつけるように、〝まんまる〟という光が、闇を瞬時に光に変えてくれます。

とても大事なことなので、もう一度整理しましょう。

〝まんまる〟は「愛そのものの世界」。
〝まんまる〟は「感謝そのものの世界」。
〝まんまる〟は「喜びそのものの世界」。
完璧で、何一つ迷いのない素晴らしい世界。
無限の愛にあふれた調和の心、歓喜にあふれた心。

そのことを全身で体感すると、その人の心は一瞬にして「愛と感謝」の思いに変わる。心の闇は瞬時に光に変わるのです。

宇宙飛行士も〝まんまる〟を見ていた！

仏教に「無一物中無尽蔵」という言葉があります。すべてを手放したときに、すべてが手に入るという意味です。

「この家は私の名義になっていて、あの銀行に私の名義でいくら預金している」と固定化すれば、確かにそれは財産になりうるかもしれませんが、逆にそれ以外のものは財産ではなくなります。

友達もそうです。「私の友達は学生時代のクラスメートだったあの人とこの人。部活で苦楽をともにしたあの人とこの人」と限定してしまうと、それ以外の人は友達ではなくなります。

しかし、「ここからここまで」という枠の認識を手放して〝まんまる〟に目覚めると、どうなるでしょうか。

この世のすべてのものが財産、すべての人が友人になります。

私が住んでいるこの町も財産。
日本という国も財産。
世界中、地球そのものも財産。
この町に暮らすすべての人も私の友達。
日本のすべての人が私の友達。
世界のすべての人たち、地球上のすべての生き物も私の友達。

そう、「宇宙のすべてが一つの命、一つの法則でできている」という真実に気づけるようになるのです。

それを実際に体感した人がいました。アポロ九号の乗組員だったラッセル・シュワイカート氏です。氏は宇宙遊泳をしているとき、地球を見て、このような感慨を抱いたと言います。

「明るい鮮やかな色合いに満ちた地球と、無限に広がる闇。その鮮やかな対比を見ているうちに、突然悟った。生きとし生けるものはすべて、この地球という母なる星と切っても切れない関係にある」

「完全な静寂の中で青い地球を見下ろし宇宙遊泳をしているとき、思いが湧き上がった。どうして私はここにいるんだ？　どうしてこんなことが起こってるんだ？　私は誰だ？　そうか、ここにいるのは、私ではなく『私たち』なんだ」

「宇宙から地球を眺めたとき、私は地球と抱擁し、地球上の生命あるものすべてと抱擁したのである。そして地球もまた、私を優しく抱きしめてくれた」

これはシュワイカート氏に限ったことではありません。スペースシャトルの乗組員だったサウジアラビアのスルタン・ビン・サルマン氏も次のように語っています。

「最初の一日か二日は、みんなが自分の国を指していた。三日目、四日目は、それぞれ自分の大陸を指していた。五日目には私たちの念頭には、たった一つの地球しかなかった」

宇宙飛行士たちは、なぜこうした感慨を口にするのでしょうか。

それは、そのように感じる心、すなわち〝まんまる〟がもともと彼らに内在していて、宇宙空間から地球を眺めることで、一瞬にして出てきたからでしょう。

すべてが「一つの世界」でつながっている

ここで着目したいのは、シュワイカート氏やサルマン氏がともに「私」ではなく、「私たち」という言葉を使っていることです。

「私たち」という言葉は、人間と人間は見えないところでつながっているとも解釈できます。たとえば、あなたと私は明らかに別の人間で、顔もスタイルも違います。その意味においては、赤の他人と言っていいでしょう。

しかし、それは肉眼で見える世界で、肉体が分離して見えるだけ。目に見えない世界においては、あなたと私はつながっています。

あなたと私の顕在意識、あなたと私の潜在意識は個々別々かもしれませんが、その奥の部分、すなわち〝まんまる〟の部分においては一つの共通した意識があります。家族、同じ地域、日本という国、さらに言えば地球上の全人類とつながっています。

ピンとこない人は、地球の写真を思い出してみてください。

地球上にはいくつもの大陸や島があり、全部、分離しているように見えますね。「ここが日本だ」「あそこがヨーロッパだ」「こっちにハワイ諸島がある」といったように。

では、地球から海の水を全部抜きとったらどうなるでしょうか。

すべての大陸が一つにつながってしまいます。

今、この本をあなたが自宅で読んでいるとしたら、あなたが暮らす町で読んでいることになり、同時に日本で読んでいることになり、また地球で読んでいることにもなります。そして当然、宇宙で読んでいることにも……。

こう考えると、あなたの町も、日本も、地球も、みんな故郷のように思えてきます。すべてのものが自分の財産、すべての人が友達に思えてくるのです。

ましてや、戦争なんて、ナンセンスに思えてくるでしょう。どこかの国に爆弾を落とすのは、自分の家に爆弾を落とすのと同じだと気づくからです。

そして、世界中の人たちが愛おしく、地球上に存在するあらゆるものを大切にしようという気になってくるのです。

みんな大好き！　みんな良い人たちばかり！

みんなのことが大好き！
みんな良い人たちばかり！
目には見えないけれど、みんな〝まんまる〟！
その気持ちを大切にすることが、〝まんまる〟に目覚めるための第一歩となります。
私は若い頃、宝飾品などのセールスの仕事をしていましたが、このポリシーがあったからこそ、トップセールスマンになれたのだと思っています。

当時の私は、全国を回って宝石を売り歩いていたものの、なにぶん二十歳そこそこの若造。しかも、信用も実績もまったくありませんから、最初は相手にもしてもらえません。

そこで、どうしたかと言うと、「人を好きになる練習」をしました。

宝石のセールスで戸別訪問をする前に、その町の駅に降り立つと、まずベンチに腰掛け、しばらくの間、行き交う人たちの様子をうかがいます。

ボーッと眺めているわけではありません。こんな独り言を口にしながらです。

「この町の人たちは、みんないい顔をしているなあ」

「きっと良い人たちばかりに違いない」

「大好きだ。大好きだ。大好きだ」

すると、気持ちがワクワクしてきます。この町の人に早く会いたくてたまらなくなります。そうやって気分が高揚したところで、お宅を順番に訪問するのですが、いきなり玄関のインターホンを押したりはしません。

やはりここでも、こんな独り言を口にします。

「ああ、この家の庭はいいなあ。パンジーの花もたまらなくきれいだなあ」

「犬がとても可愛いなあ」

「お子さんの自転車が二台置いてある。きっと幸せな家庭なんだろうなあ」

「ああ、早くこの家の人に会いたいなあ」

心の底からそう思えると、自然と満面の笑みが出てきます。そうなったところでインターホンを押すのです。

「こんにちはぁ！」

ニコッとして声をかけると、玄関から出てきたその家の奥さんは、必ず「あらー」と言ってくれます。私があまりにも人なつっこい笑顔をしているので、おそらく親戚か知り合いと間違えたのでしょうね。

「誰だったかしら？」

相手がそう頭を巡らせている間に、宝石を広げてしまいます。第一印象が良いと、相手も私がセールスマンだとわかっても、むげに追い返したりはしません。百発百中話を聞いてくれます。だからセールスもおのずとうまくいくのです。

肉眼では見えないけれど、私たちの心は見えないところでつながっている。「宝石を売ってみせるぞ」ではなく、「みんなのことが大好き！　みんな良い人たちばかり！」から入れば、その気持ちが相手にも伝わるようになる。

思えば、私はその頃から〝まんまる〟に目覚めていたのかもしれません。

すべての命がつながっているカラクリ

話を元に戻しましょう。

地球から海の水を全部抜きとると、すべての大陸が一つにつながっていることがわかると言いましたが、今度は陸地ではなく水の視点から考えてみましょう。

地球は「水の惑星」と言われるように、地球全体の面積の七十パーセント以上が海によって占められています。

いえ、海の水だけが、地球上の水ではありません。雲、雨、雪、氷、水蒸気……と至るところに水は存在します。もっと細かく言えば、森林にも水がたくさん含まれ、人間の体も七十パーセントは水でできています。まさに水づくしの惑星です。

このように水は、海、雲、雨、雪、氷、水蒸気、体液……というように、さまざまにその姿を変えるのですが、姿・形は違っても、どれも「H_2O」という水の分子であることには変わりありません。

地上にある水は熱を受けて温まると、水蒸気となって空へ上昇し、雲に形を変える。雲はやがて雨や雪となり、地面に降り注いで地中にしみ込み、川から海へと流れていく。その海の水は再び水蒸気となる。

そのサイクルを繰り返しているに過ぎません。

それらをすべて水一つとして捉えるか、「これは水蒸気」「これは雪」といったように、それぞれ別のものとして捉えるか、その視点の違いだけ。

同じことは人間にも言えます。

人の命を水のように、形が変わっても一つとして捉えると、どうなるでしょうか。

すべての命を一つの命として捉えることができるのです。

そう、肉眼で見ると別々に分離しているように見える命も、すべての命が一つにつながっています。

その大本こそが〝まんまる〟なのです。

そう考えると、水が雲、雨、雪、氷、水蒸気と姿を変えるように、私たち人間一人ひとりの魂というのは、〝まんまる〟が個性化したものと言えます。

「あの人は氷のように冷たい」と思えても、「H_2O」であることに変わりはなく、「あの人は水蒸気のようにつかみどころがない」と思えても、「H_2O」であることに変わりはないのです。

そのことに気づいたとき、三日月に見えていたものが満月に見えてくるのです。

肉眼で見えるものは、ほんの一つの視点に過ぎない

「清濁併せ呑《の》む」という言葉があります。善人でも悪人でも、来る者は拒むことなく、すべて受け入れる度量の大きさを表すたとえとして用いられていますが、私はさらに一歩進めた解釈をしています。

たとえば、あなたの目の前に水の入った二つのコップがあるとします。片方のコップには透明できれいな水が入っていますが、もう片方のコップには茶色く濁った水が入っています。きれいな水ならそのまま飲めますが、濁った水は汚くて飲むのは嫌ですよね。たいていの人はそのまま捨ててしまうと思います。

でも、きれいとか、濁っているというのは、あくまでも人間の見た目の判断にしか過ぎません。濁っている水の中には動植物が存在していることを忘れてはならないのです。

人間から見れば濁った水であっても、そこに住んでいる動植物からすれば、こ

ちらのほうが居心地の良い水となります。

だいいち、濁っていると言っても、いろいろなものが混ざり合って汚いように見えるだけであって、混ざり合っているものを一粒ずつ取り除いたら、じつはまったく濁ってはいません。

つい最近、私は十七歳になる麻衣ちゃん（仮名）という娘さんを連れた四十代のシングルマザーから こんな相談を受けました。

「この子が私に反抗してどうしようもないんです。水商売はするし、ケンカするたびに何か月も家出して……。先生、どうしたらいいでしょう？」

お母さんがこう言うやいなや、麻衣ちゃんも反発して、その場で親子喧嘩《げんか》を始める始末。私は二人をなだめながら、「娘さんと二人だけで話がしたいから……」と言い、お母さんには、いったんその場から退席してもらうことにしました。

もちろん、最初のうちは麻衣ちゃんも不機嫌そうに黙ったままでしたが、私が「エリカちゃんはガールズバーでバイトをしているんだって？」という言葉を口にした途端、彼女は目を丸くしました。

「なんで、その名前知っているの？　なぜ、私のことそう呼んだの？　お店に一度も来たことがないのに……」

シンクロニシティとはこのことを言うのでしょう。

私が無意識に口にしたエリカちゃんという名前は、麻衣ちゃんが働くガールズバーでの源氏名だったのです。

それから次第に打ち解けてくれるようになり、麻衣ちゃんが「エリカちゃん」と訣別《けつべつ》するまでに、時間はかかりませんでした。

カウンセリングが終わった直後、彼女はその足で、以前から知っていた更生施設に赴き、一番安い時給でそこのアルバイトをすることに決めたからです。

本題はここからです。

麻衣ちゃんは、なぜ、お母さんに反抗ばかりしていたのでしょうか？

そこには、麻衣ちゃんの心の内にある愛が関係していたのです。


私が幼い頃、お父さんとお母さんは離婚した。

お母さんはお金でものすごく苦労してきた。

もうこれ以上、お母さんに苦労はかけたくない。

なんとかしてお母さんを助けたい。

だったら、少しでも時給の高いところで働けばいい。

なのに、お母さんはちっともわかろうとはしてくれない。

いつも私をガンガン責めてくる。

だから、私だってお母さんに反抗するのよ。


この事実、すなわち麻衣ちゃんの心の内をお母さんにお伝えすると、その場で「ワッ」と泣きくずれました。

お母さんは麻衣ちゃんの三日月しか見ていなかった。

でも、本当の麻衣ちゃんは違っていた。「これ以上、お母さんにお金の苦労はかけたくない。お母さんを助けたい」という満月に満ちあふれていた。

麻衣ちゃんの反抗（家出）は、お母さんに対する「愛を求める叫び」だったのです。

この話は、濁っている水のように思えても、じつはまったく濁っていなかったことを示す好例と言っていいのではないでしょうか。

自分はこうだと思い込んでいても、違う観点から見たら、真実が見えてくることを教えてくれているのです。

私たちが肉眼で見えているものは、ほんの一つの視点から見ているものに過ぎません。全体から見れば、物事の本質すなわち〝まんまる〟が見えてくるようになります。

「清濁併せ呑む」というのは、そういう「全体を見る心」のことを言うのです。

たった一枚の写真を後生大事に眺め続けていないか

私たちが肉眼で見ているものは、ほんの一つの視点から見ている映像に過ぎない。その典型が、電車に乗ったときに見る風景です。

たとえば新幹線の車窓から外を眺めると、さまざまな風景が目に飛び込んできます。人が行き交い賑《にぎ》わう町、小さな子どもが無邪気に遊ぶ公園、花畑、山、大海原などなど。そのいずれもが、パーッと過ぎ去っていきます。

その新幹線に乗った人が車窓から「パチッ」と記念写真を撮ったとします。しかし、タイミング悪くそこに写った写真はゴミ屋敷のような汚い家でした。

すると、その人の心にはこんな記憶が刻み込まれます。

「新幹線もずいぶんと汚い場所を通過するんだな。この写真を見るたびに不快になる」

本当はたくさん美しい場所を通過しているにもかかわらず、たまたま撮った一枚の写真によって、その人のイメージが固定化されてしまったのです。

しかも、それはすでに過ぎ去った景色です。

さらに言えば、自分の側から見た景色に過ぎません。あちらからこちらを見たら、また違う景色になります。

同じ場所であっても、ヘリコプターで上空から見たら、まったく違って見えるでしょう。宇宙から見たら、そもそもまったく見えなくなってしまう。

みんな捉え方が違うわけです。

先に述べたシングルマザーの例もそうです。

お母さんは娘さんの反抗的な部分にしか目を向けませんでした。その部分だけを写真におさめ、後生大事に眺め続けていました。

でも、娘さんの本心は「お母さんにお金の苦労をかけたくない。お母さんを助けたい」という気持ちでいっぱいでした。

お母さんは、娘さんの「個」から「全体」を見ていたのです。それが親子間の確執を生み出していたのです。

この親子に限ったことではありません。

心のカメラで撮った一枚の写真で物事のすべてを判断・固定化し、マイナスの記憶として心の中に焼きつけている人が何と多いことでしょう。

「数年前、あいつは会議の席でオレの販売プランに猛烈に異を唱えた。オレの足を引っ張ろうとしているに違いない」

「十年前、主人は浮気をした。いまだに悔しく許せない」

そんなふうに、わざわざ一番嫌な写真を見続けている。これでは、うまくいくはずの人間関係だってダメになりますよね。

世界だって、そうです。何千年も前のことをいまだに引きずって争っているわけですから、何と愚かなことでしょう。

こうした過ちを犯さないためには、「個」から「全体」を見ないことです。「全体」から「個」を見るのです。

それこそが相手の満月と自分の満月、すなわち〝まんまる〟を見るための最大のポイントとなります。

「全体」から「個」を見るクセをつける

新幹線の車窓から外を眺めると、さまざまな風景が目に飛び込んでくると述べましたが、それは新幹線から見た地上の景色が単に移り変わっていくだけのものですよね。

「コンビニがあった。その隣には銀行か。あの道はものすごく渋滞しているな」といったように。

では、高層ビルのエレベーターに乗って、どんどん高層階に上がっていったら、どんな景色が見えるでしょうか。

高く上がれば上がるほど、全体が広く見えてきます。

「あの道がものすごく渋滞していたのは、数百メートル先で事故があり、交通規

車窓から見える景色

エレベーターから見える景色

制されていたからだ」ということがわかるようになります。

同じことは、私たちの意識にも当てはまります。どの次元の意識かによって、物事の見方・発想というものがまったく変わっていくのです。


仕事一つとっても、何のために仕事をするのか、生活のためなのか、趣味のためなのか、会社のためなのか、お客様のためなのか、地域社会のためなのか、日本のためなのか、世界のためなのか……と、いろいろな次元があります。より高い次元で仕事を捉えるほど、全体を見渡した考えができるようになり、出てくる発想もガラリと違ってくるのです。


ではさらに、エレベーターが高層ビルを突き抜け、まるでロケットのようにどんどん上がっていったら、どうなるでしょう。

雲を通り過ぎ、さらに大気圏を通り過ぎると、宇宙空間にまで達します。

そこまで来ると、コンビニも、その隣の銀行も、渋滞の要因となった事故現場も、何もかも見えなくなります。見えるのは、ただただ美しくて丸い地球だけ。

これが一番高い次元、すなわち〝まんまる〟です。

意識レベルがここに入った瞬間、私たちは地上にいながらにしてアポロやスペースシャトルの宇宙飛行士たちと同じような意識の変容を体験することが可能になります。

あらゆるものは完全で完璧なものだと体感し、感謝の気持ちが心の底からあふれてきます。

これほど素晴らしいことはありません。

〝まんまる〟があるという前提で生きる

では、それほどまでに素晴らしい〝まんまる〟を知るには、どうすればいいのでしょうか。

どうすれば、〝まんまる〟の存在を信じ、見えるようになるのでしょうか。

この質問には、答えようがありません。

〝まんまる〟は「知る」「信じる」「見える」という認識の次元では捉えることができないからです。

「知る」から見ていくと、「過去、学校で勉強したから知っている」「誰かから学んだから知っている」という意味合いで使われることが多々あります。科学者のように何度も同じ実験を繰り返し、実証を重ねていくうえで「知る」場合もあります。

いずれもそうやって知識を深めていくわけですから、「知る」というのは、ものすごく大切なことです。

しかし、この「知る」には欠点があります。

それは「知らないことは認められない」、科学者の言葉を借りて言えば「立証できないものは認められない」ことです。

そうなると、〝まんまる〟を知ることは容易ではなくなります。

「信じる」はどうでしょう。

長所は、早くて時間がかからないことです。人間関係にたとえて言えば、「私はあなたのことをよく知りませんが、とにかく、あなたを信じます」と言えば、その瞬間、相手を受け入れたことになります。

しかし、これにも欠点があります。盲目になってしまうことです。相手が詐欺師だとしたら、それこそ被害者になってしまいます。そういう意味では、〝まんまる〟を信じなさいと言われても、少なからず抵抗を感じてしまう人もいるのではないでしょうか。


では、「見える」はどうでしょう。

これは私たちがそのことを知ろうが知るまいが、信じられようが信じられまいが、事実として「見える」ことを言います。テーブルの上にバナナがあることが見えたとしたら、知る必要も信じる必要もありませんよね。

この「見える」にも欠点があります。それは見たくない部分にも目が行ってしまうことです。相手の性格上の問題点に目が行き、それを口に出したら、相手もやり返すだろうし、それによって人間関係がうまくいかなくなってしまう可能性があります。

〝まんまる〟に関して言うと、その存在が肉眼では確認できないというデメリットもあります。

〝まんまる〟は「愛そのものの世界」「感謝そのものの世界」「喜びそのものの世界」「完全・完璧で、何一つ迷いのない素晴らしい世界」と言いましたが、これは魂で体感するもので、肉眼で確認できるものではありません。

「知る」もダメ。「信じる」もダメ。「見える」もダメ。

「じゃあ、どうすればいいの？」というつぶやきが聞こえてきそうですが、〝まんまる〟に目覚めるための方法は、じつはいたって簡単です。

「ある」「存在している」という前提を持つだけでいいのです。

あなたは地動説を疑いますか?

この章の初めのほうで述べたことを、もう一度、思い出してください。

「心臓は、一日に最大で十トンもの血液を送り出している。血管を流れる血液の速度も時速二百十六キロ」という話をしました。

あなたはこのことについてどう捉えていますか?

「学校でそう教わったから」「本で読んで知ったから」と言うかもしれませんが、より正確に言えば「そういうメカニズムが存在している」という前提でいる……と言ったほうが、正しいのではないでしょうか。

そこには疑いの心なんかありませんよね。


あるいは、この地球が太陽の周りを回っていること(公転)を思い出してください。今では誰も疑うことのない地動説ですが、十六世紀にコペルニクスが地動説を唱えるまでは、人々は地球の周りを太陽や星々が回っていると信じて疑いませんでした。天動説ですね。十七世紀のガリレオに至っては、地球が動くという旨を書いた著書『天文対話』を発刊したとき、それに対する罪で裁判が開かれ、有罪が告げられたくらいです。

現代を生きる私たちはどうでしょう。天動説を信じますか？

そんなことはありませんよね。誰だって地動説を信じています。

ちなみに、地球の公転速度は時速約十万キロ、自転速度は時速約千六百キロだと言われています。飛行機の時速が約八百キロなので、地球は何とその倍というものすごい速さで回転していることになるのです。

そこでお尋ねしますが、地球の公転速度が時速約十万キロであることをあなたは確認できますか？　自転速度が時速千六百キロだということを確認できますか？

できませんよね。とくに静まり返ったところで寝ているときなんか、完全な静止状態のようにさえ思えますよね。

ましてや、太陽や月や星々が時間とともに空を移動しようものなら、天が動いているような錯覚に陥ってしまうのもわかる気がするのではないでしょうか。

でも、あなたは地動説を疑わない。地球が太陽の周りを回り続けていることを信じている。

それは、地球が太陽の周りを回っているという「前提でいる」からではないでしょうか。

〝まんまる〟もまったく同じです。

〝まんまる〟が存在するという前提でいればいいのです。「個」から「全体」を見るのではなく、宇宙という「全体」から「個」を見るようにすればいいのです。

地上という「個」から夜空という「全体」を見ると、太陽や月や星々が地球を中心にして回っているとしか思えない。けれども、宇宙という「全体」から見たとき、地球が回っていることが確認できる。

この感覚を大切にすれば、あなたは今すぐにでもときめきを感じることができるはずです。そのときめきこそが、本当のあなたの根源とも言える〝まんまる〟の鼓動にほかなりません。

愛と感謝と喜びの「マグマ」を噴き出させよう

あなたはすでに〝まんまる〟という莫大《ばくだい》な資産を持っている。
それは、あなたの手によって掘り起こされることを今か今かと待ち望んでいる。
今度は、これを氷山に置き換えて考えてみましょう。
あなたの心の層が氷山、海底にあるのが〝まんまる〟のマグマだとします。
この本を読んだのがきっかけで、海底火山の噴火が始まったらどうなるでしょうか。

〝まんまる〟のマグマの熱によって海水温が上昇し、氷山が溶けるように、心の中にあった恨み、憎しみ、怒り、妬み……といった過去のマイナスの記憶が一気に溶かされていきます。

もっとも、氷山というフレームは残ったまま。それによって、フレームの中にある過去の記憶がすべてプラスになり、愛と感謝と喜びに満ちた心と言葉と行動となって表れてくるのです。


するとどうなるでしょうか。

あなたが無気力でやる気が出ない状況にあれば、仕事の意義を見出《みいだ》すことができ、心から楽しんでその仕事に取り組めるようになります。

仕事上の人間関係や夫婦間・親子間の問題で、どうにもならない状況にあったとしても、複雑にからみ合い、もつれた糸がパラパラとほぐれていくように解決していきます。

それも単なる仲直りとか和解といった

記憶が書き換わるメカニズム

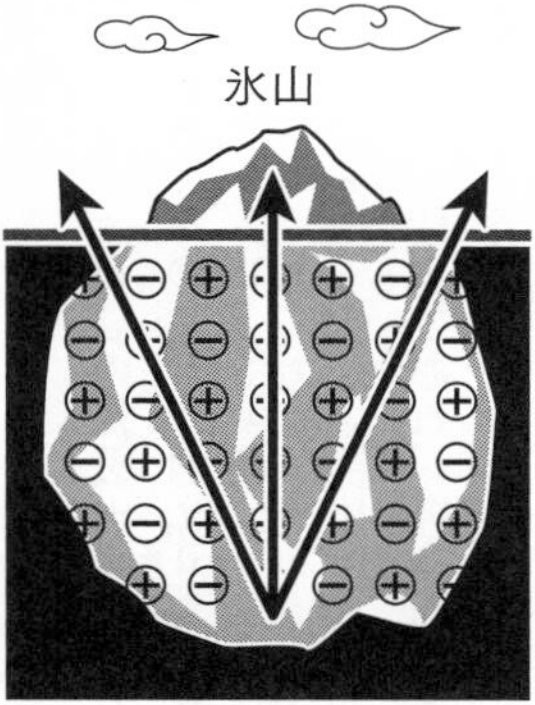

次元の低いものではありません。

相手のことが何よりも愛せるようになります。

相手もあなたのことが何よりも愛せるようになります。

病気に至っては、治ったというよりも、もともと健康だった自分に戻るだけなので、病気そのものが「初めからなかったこと」に気づかされます。

要するに、仕事であれ、経済面であれ、人間関係であれ、健康面であれ、すべての悩みが一気に消滅するようになるのです。

では、本当の自分である〝まんまる〟を確実に体感し、現実生活で生かすためにはどうすればいいのでしょう。

次章で詳しくお話ししたいと思います。

第3章

満月へ目を向けると、人生は劇的に変わる

栓抜きがないとき、どうやってビールを飲みますか？

〝まんまる〟を体感し、日常生活に生かすためには、宇宙に働く二つの法則を知る必要があります。

それは、「縦の法則」と「横の法則」です。

聞きなれない言葉だと思いますが、説明に入る前に、ちょっとしたクイズを出しましょう。

「冷蔵庫の中に冷えたビールがあります。栓抜きはありませんが、どうぞ遠慮しないで飲んでくださいね」

こう言われたら、あなたならどうしますか？

栓抜きがなければ、代わりの道具を探しますか？　手でなんとかあけることを考えますか？　歯であけますか？　栓抜きを買いに行きますか？　それとも、ビールを飲むのをあきらめますか？


答えを言いましょう。

栓抜きなんかなくても、ビールは飲めます。

冷蔵庫に入っているのは「缶ビール」だからです。


「ふざけるな」と思うかもしれませんが、最後まで聞いてください。

私は「栓抜きはありません」と確かに言いましたが、冷蔵庫の中に入っているのが瓶ビールだとは、ひと言も言っていません。

私が「栓抜きはありません」と言ったとき、あなたは瓶ビールを連想しませんでしたか？

「栓抜きがないなら、どうやって瓶ビールをあけるか」だけに思いを巡らせませんでしたか？

じつはここに「縦の法則」と「横の法則」を知るためのポイントがあります。

あなたの頭にあったのは「瓶ビール」という思い込みです。

私が「缶ビール」と言ったので、「冷蔵庫に入っていたのは缶ビールだった」という事実をあなたは知りました。

「どうやって瓶ビールをあけようか」という認識の世界が「横の法則」だとしたら、「冷蔵庫の中に缶ビールがある」という事実・真実が「縦の法則」です。


次のような例はどうでしょう。

あなたが南の島にあるリゾートホテルのガーデンラウンジで、くつろぎながらコーヒーを飲んでいたとします。すると、私がいきなりあなたの手を強く引っ張って、その場から引きずり出してしまいました。その勢いで飲もうとしていたコーヒーがこぼれ、あなたの洋服にかかってしまいました。

私にそうされたら、あなたならどんな反応を示しますか？

「おい、佐藤！　おまえ、なんてことするのだ」と、たいていの人は激怒しますよね。

でも、私があなたの手を強く引っ張った本当の理由が、じつはテーブルのそばに毒蛇がいて、あなたに噛《か》みつく寸前だったとしたらどうでしょう。早くテーブルのそばから離れさせようとする、とっさの救助だったとしたら……。

「おまえ、なんてことするのだ」という怒りの念は消え、「佐藤さんが手を強く引っ張ってくれなかったら、今頃は……」という真実に気づくと思います。

この例で言えば、「なんてことするのだ」という心の働きが「横の法則」で、「おかげで毒蛇に噛まれずにすんだ」という事実が「縦の法則」にあたります。

宇宙に働く「横の法則」と「縦の法則」

とくに縦の法則は、「理解する」必要がありません。

「気づく」ことに意義があります。

万有引力の法則が良い例です。

木から落ちるリンゴをニュートンが見て発見したと言われる万有引力の法則ですが、じつはそのはるか前から地球上に存在しているものです。

それと同様に、誰が認めても認めなくても、宇宙が誕生して以来、厳然として存在しています。それに気づくのに長い時間を要することもありません。ほんの一瞬で気づくことができます。

もう少し詳しく説明を加えていきましょう。

まずは「横の法則」です。

人間の心と現象との関係を表す「横の法則」ですが、わかりやすく言えば「原因と結果の法則」にあたります。

「ガラスのコップを床に落とすと割れる」とか、「サウナに入ると汗が流れ出る」とか、「食事を抜いたらお腹《なか》がすく」といった、一般的な因果律と同じだと考えてください。

たとえば「悪口を言われてムカッとする」というのも、その一つです。「悪口」という原因が、「ムカッとする」という結果を引き起こしているわけです。

「横の法則」は、次の三つの原則から成り立っています。

①「欲望はすべて実現する」
②「感情は記憶によって決められている」
③「肉体は〝自分を守ろうとする力〟によって形作られている」

順に見ていきましょう。

欲望はすべて実現する

「横の法則」の第一原則は、「欲望はすべて実現する」です。

これは一般的に想念の力と言われているものです。
あなたの欲望や願望は、必ず叶《かな》えられるのです。
「そんなはずはない」と反論したくなるかもしれません。確かに世の中、思いどおりにならないことばかりですからね。

たとえば、意気込んで目標設定したとします。しかしその後、ふと力を抜いたときに「やっぱり私には無理かも」という気持ちが湧いてくる。

じつは、その「ふと力を抜いたときに出てくる『マイナスの思い』」が、ものの見事に実現してしまっているのです。

ほかにも、自分でも気づかない心の奥底に潜む強烈な思いが、あなたの目標を阻んでいる可能性もあります。

いずれにせよ、私たちの日々の思いや欲望は、確実に現実化します。

ここで注意が必要なのは、あなたが意識的に「欲しい」と思っていることだけが「欲望」ではないということ。

そもそも欲望というのは、心の領域でも一番浅い部分での思いであり、力も弱いものです。

あなたは過去の体験や経験を通し、または環境の影響を受けて、意識よりも深い心の領域、つまり「無意識」の部分に「自分とはこういう人間だ」という自己像を刻み込んでいます。

この自己像という一種の先入観は、あなたをそこに留《とど》まらせようという無意識の「欲望」を持つのです。

これは無意識の世界ですから、ふだんは気づかずにいます。しかし、あなたが新たな領域に踏み出そうとすると、この「欲望」が無意識に働き出します。

すると、それが新しい領域に踏み出すことを許さず、結局、今の自分という結果から抜け出せないことになるのです。

この無意識の領域の自己像が「心のゴミ」となって、私たちは知らず知らずのうちに同じパターンを繰り返します。

そうやって自分自身が、目の前の結果を引き寄せてしまうのです。

潜在意識にプラスの思いをインプットし、願望が叶うことを説いた成功哲学や願望実現法などは、まさにこの「横の法則」の第一原則を有効活用した手法だと思います。「私は成功する」「私は大金持ちになる」というような自己暗示や成功イメージの視覚化によって、徹底的にプラスの思いを叩《たた》き込むのです。

しかし、それには限界があります。どんなにプラスの思いをインプットしても、それ以上に強いマイナスの思いが蓄積されていたら、それに打ち消されてしまいます。

そこには第二原則の「感情は記憶によって決められている」が関係しています。

感情は記憶によって決められている

第1章でお話ししたことを、もう一度思い出してください。

「あらゆる人、あらゆるものに感謝しなさい」と言われても、子どもの頃に親から差別されたり、虐待されたとしたら、それが忌まわしい過去となって記憶に残ってしまいます。むしろ「感謝しなければならない」と思えば思うほど、感謝できない自分がいて、苦しくなってくるとも言いました。

頭の理解とは反対の思いが、どこからともなく湧き上がってきてしまうのです。

そう、「心のゴミ」ですね。それが願望実現の妨げになってしまうのです。

同様に、その人にどのような記憶があるかによって、どんな感情が湧き起こるかも決まってしまいます。

この記憶の倉庫には、無数のスイッチがあると思ってください。

それぞれのスイッチを押すと、コーラのボタンを押したらコーラが出てくる自動販売機のように、その商品、つまり「記憶」が飛び出してきます。

記憶が刻まれたときの体験や経験と似た出来事が、すなわちスイッチなのです。

このスイッチが押されると、あなたの中に眠るこれまでの、ありとあらゆる記憶が出てきます。

たとえば「好きな人に会う」というスイッチが押されると、あなたの心はパッと明るくなり、嬉《うれ》しいという感情が出てきます。

私など、大好物のうなぎの蒲焼《かばや》きを見ると心がパッと明るくなり、嬉しくなりますが、大嫌いなピーマンを見ると途端に「うわっ、まずそう」という不快な感情が湧いてきてしまいます。これも記憶の作用によるものです。

このように、ある出来事がきっかけとなってスイッチが押され、心が一瞬にして変化する。これが「横の法則」の特徴です。

どんなときにどのスイッチが押され、あなたにどういう感情が出てくるのか、すべて決まっているのです。

肉体は〝自分を守ろうとする力〟によって形作られている

「横の法則」の第三原則は、「肉体は〝自分を守ろうとする力〟によって形作られている」です。

第2章でも述べたように、動物の本能の大本をたどっていくと、「愛」と「恐怖」の二つに行き着きます。この二つの心が、あらゆる行動の原動力となっています。

「愛」というのは、雄と雌が交尾をして子孫を残す、生まれてきた子どもを育てるという行為などを指し、「恐怖」というのは、天敵が来たら身を守るために逃げるといった行為などを指します。

この、肉体を守るという役割を担った本能は、遺伝子の「記憶」によって形作られます。遺伝子の記憶の中に、生き抜くための最善の行動プログラムがぎっしり詰まっているのです。

人間も基本的には同じで、「愛」と「恐怖」の本能によって自分の生命を守り、また家族の生命を守ろうとします。それは何世代も前からの遺伝子の記憶によって引き継がれています。

赤ちゃんは、お腹がすいたら泣き出しますよね。お母さんのおっぱいを欲しがります。それは本能が生命を維持させるための指令を、その場その場で素早く出していることにほかなりません。

遺伝子は、私たちの肉体の設計図です。そして遺伝子の記憶には、どうすれば自分の生命を守れるかという情報が入っています。

その「記憶」こそが、自分を守ろうとする力の表れと言えるのです。

欲望はすでに実現している

次に「縦の法則」を見ていきましょう。

こちらも、三つの原則から成り立っています。

①「欲望はすでに実現している」

②「感情は何にも縛られず自由自在である」

③「肉体は〝すべてを愛し生かす力〟によって形作られている」

第一原則は、「欲望はすでに実現している」です。

いきなりそう言われてもピンとこないかもしれませんが、これは「横の法則」の第一原則「欲望はすべて実現する」に対応しています。

たとえば「あなたが今、一番欲しいものは何ですか？」と尋ねられたら、「お金」と答える人が多いのではないでしょうか。


では、なぜ「お金」が欲しいのか。

お金がなければ、今の資本主義の世の中、どこにも行けず、好きなものも買えず、不自由です。

もし、いつでもどこでも好きな場所に行けて、どんなに高価でも好きなものが手に入る、という「自由」があなたに与えられていたら、どうですか。

きっとお金は必要なくなるでしょう。

つまり、お金そのものが欲しいのではなく、「自由」が欲しいのです。

では、なぜ「自由」が欲しいのでしょうか。

それは、自由になったときに得られる心の状態が欲しいのではないですか。自由になって「喜び」や「幸せ」を得たい、大好きなものを手に入れて「喜びたい」のです。

なんの制約もなく、澄み切った青空の下で、真っ青な南国の大海原を前にのんびり寝転んで、「心を満たしたい」のです。


「心を満たしたい」というのは、「愛されたい」「認められたい」ということです。

「愛されたい」「認められたい」のは、愛が不足しているからです。

つまり、あなたは「愛」を欲しているのです。「愛」を望み、求めているのです。

「お金」は、愛の代替品に過ぎなかったのです。


では、お金がないと「愛」は手に入らないのでしょうか。

「喜び」や「幸せ」を得たいのは、自分を愛している証拠ではありませんか。

愛していないものを「喜ばせたい」とか「満たしてあげたい」とは思いません

よね。自分を愛しているから、「喜び」や「幸せ」を自分に与えたいのです。

こう言うと、「いや、私は自分が嫌いだ」という人がいるかもしれません。

しかし、そう思う人も「生きている」という事実は否定できないはずです。「生きている」ということは、自分が好きだからです。

そもそも、「自分が嫌いだ」ということも、自分を愛するがゆえです。

好きだからこそ、好きになってくれないと「嫌い」という感情が出るのです。夫婦喧嘩《げんか》も、好きだからこそ、認めてくれないと恨んだり罵ったりするのであって、まったく見ず知らずの隣町のおじさんが認めてくれないからと、恨んだり喧嘩したりしませんよね。

自分が嫌いだという人は、それだけ自分に関心を持ち、自分を深く愛するがゆえなのです。人間、誰でも自分に一番関心があるものです。自分が可愛《かわい》いのです。

そのことが実証できる簡単な方法があります。

卒業式のアルバムでもかまいませんし、慰安旅行に行ったときの集合写真でもかまいません。あなたはどこを最初に見ますか？

よほど意中の人がいたら別かもしれませんが、まずは自分の顔を探すでしょう。

自分に目が行くのは、自分に関心がある証拠、自分が好きな証拠、自分を愛している証拠です。


つまり、愛したい、愛されたい、その代替品として、お金を求めているのです。

それは先ほどお話しした、ビールの栓抜きの代わりになるものを探すようなものです。

本当は栓抜きがなくてもビールが飲めるのと同じように、あなたの中に〝まんまる〟があります。〝まんまる〟からすでに愛されているのです。

それも生半可な愛され方ではありません。

無限に深く、とてつもなく深く愛され続けています。

自分が心から愛されているのを実感することほどの喜びや幸せはありませんよね。それも、自分が愛している人から愛されることは、何にも代え難い至上の喜びではないでしょうか。

つまり、あなたが求めているものは、すでに得ているのです。

感情は何にも縛られず自由自在である

「縦の法則」の第二原則は、「感情は何にも縛られず自由自在である」です。

「横の法則」の第二原則は、「感情は記憶によって決められている」でした。あなたの感情は、あなたの記憶に縛られているということですね。

しかし、「縦の法則」においては、記憶は自由に書き換えていくことができるので、感情も自由自在なのです。

なぜなら、記憶というものは本来、実在しないからです。

私たちの記憶は、いわば幻想です。

仏教では、この幻想を「業」とか「カルマ」と呼びます。行為や行動によって心に刻まれた記憶のことです。

あるいは、「仮相」とも言います。これは仮の姿のことで、その逆が「実相」です。実際の姿、真実ということですね。

たとえて言うと、実在しない記憶、つまり仮相というのは、ちょうど睡眠中に見る悪夢のようなもの。怖い夢を見ると、寝汗をかいたり、うなされたりします。でも恐怖にうなされ、パッと目が覚めたとき、夢だったことに気づきます。それでも、まだ汗でびっしょり、心臓はドキドキ……。それは、悪夢という実体のない（実在しない）ものから影響を受けたからです。

この幻想はあくまで夢ですから、私たちはそこから目覚めることができます。そのとき、私たちの感情は、記憶という束縛からも逃れます。これが、仏教で涅《ね》槃《はん》と呼ばれる状態、つまり悟りです。

あなたがどのような記憶を抱えていても、また特別な修行などしなくても、この状態に至るのは難しいことではありません。

〝まんまる〟の世界に気づけば、一瞬で可能になります。忌まわしい過去でさえも「それで良かった」という思いに書き換えられるのです。

肉体は〝すべてを愛し生かす力〟によって形作られている

「縦の法則」の第三原則は、「肉体は〝すべてを愛し生かす力〟によって形作られている」です。

「横の法則」の第三原則は、「肉体は〝自分を守ろうとする力〟によって形作られている」でした。この「自分を守ろうとする力」が、「縦の法則」では「すべてを愛し生かす力」に変わっています。

「横の法則」における「自分を守ろうとする力」は、「自分を守ろうとする愛」と言い換えることができます。

敵を攻撃するのも、人を蹴落としてまで出世しようとするのも、自分を深く愛しているからです。

人間も含めたあらゆる動物の行為は、この自己愛が原動力になっているのです。

あなたが転んで、膝を擦りむいてしまったときのことを、思い出してみてください。

大したことのない軽傷ならば、キズテープを貼りますね。なぜ、そうしますか？　膝が自分の体の一部で大切だからですよね。早く治したいからですよね。

そして、じつはこの「自分を守ろうとする愛」の本質は、「すべてを愛し生かす力」なのです。

「えっ？　逆ではないか」と思われるかもしれません。自分だけを守ろうとする愛は自己中心主義、エゴに見えますからね。

しかし、そのエゴの奥に、すべてに対する愛があるのです。

それが〝まんまる〟の存在です。見えないところで、気づかないところで、私たち人間を生かそうとしてくれています。

「どの人も〝まんまる〟からすでに愛されている。それも生半可な愛され方ではなく、無限に深く、とてつもなく深く愛され続けている」と言いましたが、〝まんまる〟はすべてを愛するだけでなく、愛する者すべてを生かそうとしているのです。

あなたは相対的なものに惑わされていませんか?

これまで述べてきたことを、言葉を加えながら整理してみましょう。

宇宙には「横の法則」と「縦の法則」が存在する。

「横の法則」は、認識の世界。

人間の心の働きを表す、因果律の世界。

これは「Aという条件ならば、Bという結果が起こる」ということ。

いわば、「AならばB」という形の「ならば」法則。

「縦の法則」は、真実・事実の世界。

人間の心を超越した宇宙の絶対真理、愛と感謝と喜びの世界。

言ってみれば、不変不動の世界。

変化がないので、「つねにA」という形の「つねに」法則。


こうして対比させると、じつに相対的ですね。哲学の用語を使えば、「横の法則」は認識論、「縦の法則」は存在論です。

私たちの認識は、「常識」とか「共通認識」として共有する部分はありますが、どこまでいっても相対的なもの。心が違えば、世界の見え方は一変します。

ですから、「横の法則」は幻想の理論なのです。

振り返って考えてみると、あなたは「横の法則」にどっぷりと浸かりながら、生きてきたのではないでしょうか。

「営業成績を伸ばしたいが、うまくいかない」

「自分のお店を持ちたいけれど、お金がない」

「手柄を横取りした上司が許せない」

「姑《しゅうとめ》の顔を思い出すたび、カリカリする」

「持病を治したいけど、通院してもなかなか回復しない」


これらは全部、心の認識の世界ですよね。

でも、真実はもともと完全で完璧な〝まんまる〟。

これからは「縦の法則」の視点に立って生きてみませんか。


そう言うと、「そもそも私たち人間に、『縦の法則』を捉えることができるのか」という疑問が生じるかもしれません。

これは、「人間に真理を認識することは可能か」という問いと同じだと思います。

答えは「イエスであり、ノー」です。

ノーというのは、私たちの認識は、心抜きには成り立たないものであり、心のフィルターを通す限り、真理を捉えることはできません。

しかし、イエスとも言えます。人々が天動説から地動説へと考えを変えたのは、真理に一歩近づいたと言っていいのではないでしょうか。

つまり、誰が見ても一目瞭然の事実にのみ目を向けることによって、人間は真理を悟ることができると思うのです。

「すべての命は一つであり、〝まんまる〟そのものである」という前提で、「縦の法則」を「横の法則」、すなわち現実の世界・日常生活で生かしていくことこそが大事なのです。

縦から下ろしていって、横に広げていくのです。

では、「縦の法則」を「横の法則」で生かすと、現実の諸問題がどう解決していくのか、仕事・お金・人間関係・健康の分野別に実例を交えながら、お話ししていきましょう。

「愛する力」を仕事で同期させる

「何のために仕事をしているのですか？」

「仕事をする一番の目的は何ですか？」

こう尋ねられたら、あなたは何と答えますか？


「お金を稼ぐため、家族を養うため……」

「成功して、リッチな生活を送るため……」

「自己実現を果たすため……」

いろいろあると思いますが、ここに挙げた例はどれも「横の法則」に従ったものばかりです。


「人に喜ばれることをするのが仕事だ」という人は、どうでしょう。

先ほどの例よりは良いですが、これも仕事の一側面を見ているに過ぎません。

人に喜ばれるだけでは、仕事全体を把握しているとは言えないからです。

では、「縦の法則」から捉えた仕事の本質とは、何でしょうか。

「人が喜び、自分も喜び、周りも喜び、社会も喜び、地球も喜び、それらすべてが宇宙のためになっている」ということです。

すべてが喜び、宇宙のためになるというのは、「縦の法則」の「愛する力」と同期させることです。

この条件を満たしてこそ、本当の仕事と言えるのです。

すべての人が喜んでいるということは、すべてのことがうまくいっているということです。これからの時代は、目先のことだけを考えてお金儲《もう》けする時代ではありません。全体単位、世界単位、宇宙単位で物事を考える仕事が求められます。

あなたが〝まんまる〟そのものなのですから、他人を愛することで、他人の心から愛を引き出すことが、あなたの仕事です。

「ニーズ」よりも、はるかに大切なもの

私のセールスマン時代のエピソードを、再びお話ししましょう。

あるとき、私は五十代の主婦のお宅にお邪魔して、指輪のセールスをしたことがありました。でも、彼女はつれない表情をしたままで、私にこう言ったのです。

「きれいな指輪だけど、私なんかの手には似合わないわ。あかぎれがあるし、汚いし……。こんな手じゃ、猫に小判だわ」

このとき、私は怒ったかのように大声でこう返したことを鮮明に覚えています。

「奥さん！　何を言っているんですか。奥さんがこの指輪似合わないのなら、ほかに誰も似合う人なんかいませんよ。奥さんが一番似合うんです。奥さんのその手は、これまで家族のために身を粉にして一生懸命働いてきた証《あかし》です。そういう手こそ本当に美しい手なんです。世界一、美しい愛の手なんです」

私がこう言うと、彼女は「そうかしら」と言って微笑《ほほえ》み、気がついてみれば、一番高価な指輪を買ってくださったのです。

誤解のないように申し上げておくと、私がその主婦に向かって口にした言葉は、お世辞でもなければ、おべんちゃらでもありません。

私が心がけたことはただ一つ。

「認めてほしい」「わかってほしい」「愛してほしい」という相手の欲求に敏感になり、それを満たしただけです。

「ニーズ」という言葉をご存じですよね。そう、欲求、要求、需要という意味です。携帯電話を例にとれば、「いつでも、どこでも、気軽に電話ができる。だから、あると便利。私も欲しい」という表面的な欲求がまさにニーズです。

なぜ、そうしたニーズがあるのでしょう?

独身女性の場合で言うなら「遠距離恋愛している彼と、いつでも気軽に電話で話したい。メールでやり取りしたい」という潜在的な欲求があるからではないでしょうか。

ニーズの下にあるこうした水面下の欲求を、「シーズ」と私は呼んでいます。

では、なぜ「遠距離恋愛している彼と気軽に電話で話したい。メールでやり取りしたい」のか？

それは「彼に自分の心境や近況をわかってほしい。同時に彼の心境や近況もわかってあげたい」から。

極論すれば、「彼のことを愛しているし、自分も彼に愛されたい。愛を確認し合いたい」からではないでしょうか。

さらにその奥に「認めてほしい」「わかってほしい」「愛してほしい」という欲求があります。これを私は「まんまるシーズ」と呼んでいます。

突き詰めていくと、「まんまるシーズ」の欲求を満たしてあげることが「縦の法則」の「愛する働き」と同期させることにつながっていく、と私は考えています。

先ほどの五十代の主婦がそうでした。

「私は毎日、家族のためを思って一生懸命家事をしている。でも、主人も子どもたちも、そんな私の気持ちなんかちっともわかろうとはしてくれない。当たり前のようにご飯を食べたりして生活している。本当は私の大変さを認めてほしい。わかってほしい……」

私は、ご主人やお子さんに代わって、彼女のことを認めてあげた。わかってあげた。そして愛してあげたのです。

他人を愛することで他人の心から愛を引き出すとは、こういうことを言います。

女性が新しい洋服を買うのも、「きれいですね」「お似合いですね」と言われることで、認めてほしい、わかってほしい、愛してほしいから。男性が仕事で頑張るのも、「できる男だね」と言われることで、認めてほしい、わかってほしい、愛してほしいから。

その根底にあるのは「愛」以外の何物でもありません。
「縦の法則」の根底にあるのも、「愛」なのです。

ダメセールスマンが、たった一年で日本一になれた理由

「他人を愛することで、他人の心から愛を引き出す」

この大切さに目覚めると、人はとてつもないやる気が湧いてきて、モチベーションが上がります。

「いかに儲けるか」といった欲望のモチベーションではありません。「すべての命はもともと一つ。愛と感謝の実践」という愛と喜びのモチベーションです。

この力がいかにすさまじいものか、いかに劇的に仕事運を好転させるかを知ってもらうために、現在、私を右腕として支えてくれている岡田基良君の話を紹介しましょう。

岡田君は大学卒業後、安田生命保険相互会社（当時）に入社し、大阪にある堺第二営業所長になったのですが、前途多難の状況にありました。

全国で千か所もある営業所の中でつねに最下位だったからです。

「九百九十九位でもいいから、どうにかして最下位から抜け出したい……」

そう思い必死になって頑張るものの、最下位から脱出できません。

しかし、縁あって私と知り合うことで、「縦の法則」の中の仕事の本質に目覚めてから、心境が一変しました。

それまでの岡田君は、「このお客さんは好きだけど、あのお客さんは嫌い。部下のA君には好感が持てるけど、B君には好感が持てない」といったように、人に対する「好き嫌い」が激しいところがありました。それがきれいさっぱりなくなったのです。

「みんな一つの命。どの人も満月。完璧な存在」

そう思えば思うほど、みんなのことが好きになっていきます。

お客さんも部下たちも、姿・形が変わっていないのに、まったく違う素晴らしい人に見えてきます。

みんな自分の味方！　みんな素敵な仲間！

みんなが自分の味方・素敵な仲間になると、それまで敬遠していたお客さんのところにも積極的に足が運べるようになり、好感が持てなかった部下とも良い関係が築けるようになります。

すると、まもなく岡田君率いる堺第二営業所は、何と大阪で一番になってしまったのです。

「先生！　やりました。大阪で一番になりました。ありがとうございます！」

岡田君から喜びの報告を受けたとき、私は次のように返しました。

「大阪で一番じゃねぇ。せっかくなら日本一を目指しなさい。日本一になると、部下たちに宣言しなさい。お客さんにもそう言いなさい。毎日、それを口にしなさい」

私がこう言うと、「先生！　冗談言わないでください。最下位から大阪で一番になるだけでも奇跡なのに、全国でトップになるなんて、絶対に無理ですよ」と首を横に振っていた岡田君でしたが、彼のすごいのはここからです。

営業所に戻るやいなや、部下たちにこう言ったというのです。

「みなさん！　私はこの堺第二営業所を全国でトップにしてみせます。日本一にしてみせます。協力してくれる人は、この指に止まってください」

以来、彼の頭の中は寝ても覚めても、全国でトップになることばかり。日本一になることばかり。朝礼のテーマも「どうしたら日本一の営業所になれるか」。会議のテーマも「日本一の営業所にするにはどうしたらいいか」。部下たちに営業同行するときの行き帰りの話題も「どうしたら日本一の営業所になれるか」。お客さんと会ったときも「堺第二営業所を日本一にしてみせます！」。初詣の祈願ももちろん「日本一になれますように」。

その結果、どうなったと思いますか？

何と、わずか一年足らずで、本当に日本一になってしまったのです。そう、一年前までは、全国千か所ある営業所の中で万年最下位だったあの堺第二営業所が、トップになったのです。

本書はビジネス指南書ではないので、彼がトップになれたノウハウの詳細は省きますが、強いて一つ挙げるとすれば、やはり愛と喜びのモチベーションが大きな要因となったのです。

人は本当の自分である〝まんまる〟に目覚めると、すべての人が好きになり、愛と喜びの心で満たされるようになります。

愛と喜びを象徴するアイディアや知恵が無限に湧いてくるようになります。

すると、「GIVE＝TAKE」の状態となって、愛と喜びに合った現象を引き寄せます。

今までのあなたが鉄しか引き寄せない磁石だったとするならば、〝まんまる〟に目覚めることで、黄金を引き寄せる磁石になるのです。

すべてを捨てる覚悟ができると、与えられる

次は、お金についてです。

私は先ほど、こう言いました。お金が欲しい人は、「自由」を求めているからである。自由になって「喜び」や「幸せ」を得ることで、心が満たされることを望んでいるからだと。

お金がなければ、旅行にも行けません。美味《おい》しいものだって食べられませんよね。お金がないということは、「不自由」以外の何物でもありません。「喜び」や「幸せ」も得られないでしょうし、心も満たされることはありません。

それゆえ、人はお金という代替品を求めようとするのですが、「縦の法則」から見たらどうなるでしょうか。

どの人も〝まんまる〟から深く愛されています。

心が満たされないかのように思えても、本当のあなたの中には〝まんまる〟から愛され、満たされ、喜んでいる心がすでにあります。

そのことに気づいて、愛され、満たされ、喜んでいる心を表面に引き出せばいいのです。

では、どうすれば、その心を引き出すことができるのでしょうか。

他人からこう問われたとき、私は決まって「すべてを捨てなさい」と答えるようにしています。

すべてを捨てるというのは、所有しているもの、地位、肩書きといった表面的なことではありません。執着心のことです。

「この先の人生、どうなってもいい」「一文なしになってもいい」と開き直って、すべての執着を捨て切ってしまうのです。

そうすると、身も心も一気に軽くなって、心は透明になります。〝まんまる〟がパッと一瞬にして浮き彫りになります。

〝まんまる〟から愛されているという真実が見えてくるようになります。すでに自分は自由であることにも気づき、とめどなく喜びがあふれ出てくるようになります。

興味深いのはここから。

その瞬間から、今度は逆にすべてが手に入るようになります。お金であれば、必要なときに、必要な金額を引き寄せることが可能になるのです。

このことを、身をもって体感した女性が私の身近にいます。M子さんです。

M子さんは長年会社を経営していましたが、仕事に対する熱意が次第に失せてきました。どうにかやる気を出そうと、共通の知人を介して私のところへ相談に見えられたのです。

「もう、私は会社経営に興味がなくなりました。これからは先生の下でいろいろなことを学ばせていただき、〝まんまる〟の真理を深く探求していきたい。そして、少しでも悩める人のお役に立ちたいと思います」

そうは言うものの、彼女の表情はいま一つ晴れません。

理由を尋ねると、彼女はポツリポツリとこう語り始めました。

「会社を手放すと、収入のメドが立たなくなるんです。もう、私は六十歳を過ぎているし、主人とはとうの昔に離婚しています。子どもも自立したし、これから先の生活に不安を感じてしまって……」

彼女の心の内を察した私でしたが、このとき、あえて次のように言いました。

「このまま会社経営に携わって、そこそこの収入を得て終える人生も、〝まんまる〟を深く探求することで本当の自分を知る人生も、選択するのはあなたの自由です。でも、どちらの人生があなたに真の喜び、真の幸福をもたらすかは、あなた自身もお気づきのはず。

〝まんまる〟を深く探求したければ、すべてを手放しなさい。捨て去ってしまいなさい。最悪、収入の道が途絶えたら、ホームレスになってもいいじゃないですか。私の会社のすぐそばにファーストフードのお店があり、夜遅くになると、売れ残ったハンバーガーを捨てているから、それを食べればいい。寝るところがなければ、段ボールにくるまって寝ればいい」

六十歳を過ぎた女性に対して、ずいぶんと酷な言い方をしたかもしれません。

でも、私の言葉で彼女の迷いは吹っ切れました。本当にホームレス覚悟で〝まんまる〟の真理を探求する決意を固めたのです。

すると、この直後、奇跡が起きました。M子さんと私を引き合わせてくれた実業家の知人が、毎月一回、簡単な事務代行をするだけでかなりの額のお金が彼女に入ってくるように取り計らってくれたのです。

これでお金の心配をしないですみます。ホームレスにならずにすみます。むしろ、人並み以上の暮らしができます。

にわかには信じられないかもしれないし、虫のいい話に思えるかもしれませんが、これこそが〝まんまる〟の働きによるものです。

左の図をご覧ください。〝まんまる〟は、たとえて言うと黄金の蔵——雲のようなもの。黄金の雲からは、いつも黄金の雨が降り注いでいます。その黄金の雨を心のじょうごで受け止め、世のため、人のため、社会のために還元していくようにするのです。

黄金の水の循環

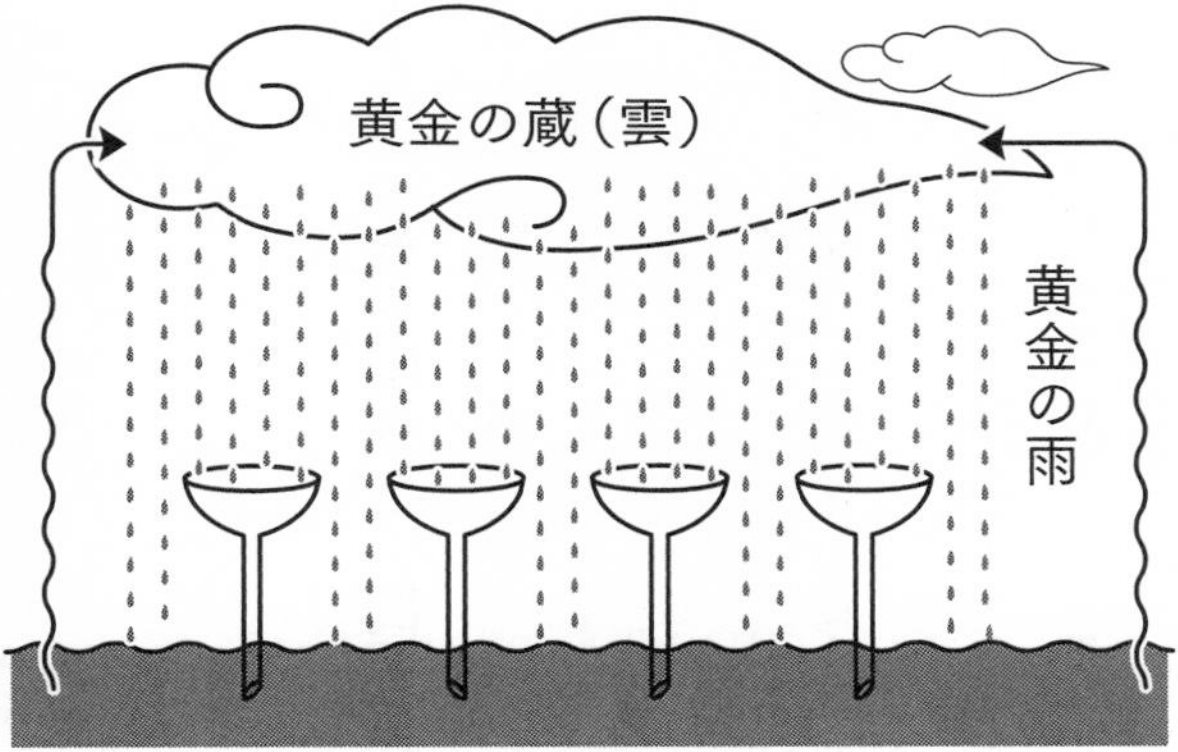

すると、黄金の雨は自分の手元からいったん離れるものの、いつしか水蒸気となって黄金の雲へと戻っていきます。そして、再び、黄金の雨となって降り注ぎます。黄金の水の循環というものです。

「執着心を捨てる」というのは、黄金の水の循環を良くするために、黄金の雨水を溜《た》めておくのではなく、心のじょうごで受け止め、そのまま世の中に流すことです。

黄金の雨水の循環が良ければ良いほど、世の中は潤います。同時に大量の水蒸気が発生して黄金の雲となり、再び黄金の雨を降らしてくれます。

黄金の雨量が多くなると、どうなりますか？

水（お金）に困りませんよね。水不足で悩まされる心配がなくなって、どんどん豊かになっていくのです。

あなたの親子関係が人間関係のパターンを決めている

「職場に相性の悪い上司（同僚）がいる」

「近所の奥さんがいつもイヤミばかり言ってくるので、カチンとくる」

こういう人がいたら、毎日が憂うつで、ストレスも溜まってしまいます。その気持ち、よくわかります。私は二十五年以上にわたって悩める人たちの心を見てきましたが、大半は人間関係の悩みだからです。

こうした悩みを「縦の法則」から捉えると、上司であれ、同僚であれ、隣近所の奥さんであれ、じつは両親との関係に起因していると言ったら、ちょっとびっくりするのではないでしょうか。

それどころか、両親との関係が人生に大きな影響を与えると断言できるのです。

人は生まれたときから、両親の遺伝子の記憶を引き継いでいます。成長の過程で、両親の言動や育てられ方も記憶として残っていきます。両親が喧嘩ばかりしていたり、虐待を受けたりすると、親に対して恨みや憎しみを抱いてしまうのはこのためです。

問題なのは、大人になったとき、そんな心のゴミが悪さをして、一般の人間関係にまで悪影響を及ぼすことです。

上司との関係がうまくいかない、同僚や部下との関係がうまくいかない、ご近所づき合いがうまくいかない……といったことで頭を抱えている人はみんなそう。であれば、まずは原点である両親との関係を修復することがポイントになってくることは明白でしょう。

こう言うと、「私の両親は、私が幼いときともに他界しているから、関係ない」と反論する人もいるかもしれませんね。

あなたが肉体をまとって、この世に生まれたからには、必ず両親、先祖が存在しました。その人たちの記憶を引き継いでいるという点では、いついかなるときも両親との関係は厳として存在します。

そして、あなたの心の中にある両親との関係が、あなたの人間関係のパターンを決めてしまっているのです。

おしなべて言うと、上司との関係、同僚や部下との関係、ご近所づき合いといったものは、すべて親子の因縁によってもたらされたものです。

これを解消するためには、親子関係の改善・和解から手をつけていく必要があるのです。

両親に感謝しただけで、最悪のあの人が大親友に！

実例を紹介しましょう。

私の元を訪ねてきた方で、ご近所づき合いで悩むTさんという主婦がいました。

Tさんのご主人は大手の商社に勤めていて、転勤が多い関係上、社宅を転々としていたのですが、どこの社宅でも、奥さんたちとの関係が修羅場になってしまうらしいのです。当時いた社宅でも、とくにお隣のYさんとの険悪な関係に悩んでいました。

「Yさんは自分の実家から送られてきた野菜をほかの家にはおすそ分けしているのに、ウチだけには持ってこない。私だけのけものにされている……」

そう思うと、ますますつらくなります。そのうち、ストレスがどんどん溜まり始め、子どもの幼稚園のお迎えにも行けなくなり、夕方になるとお酒を飲まなければ家事ができないような有様になりました。

「何が彼女をそうさせているのか……」

まずはそこから入りましたが、やはり私の見立てに狂いはありませんでした。

Tさんは自分の両親に対して、深い憤りを心の中に持っていたのです。

彼女の父親はものすごく厳格な人で、子どもの頃、虐待と言っていいほど殴られてばかりいました。それがトラウマとなって、大人になった今も父親を無意識に憎んでいました。

母親も完璧主義の人で、いわゆる何でもできる女性。そのため、自分では気がつかないところで反発心・競争心みたいなものを抱いていました。

そんな彼女でしたが、私の話を聞き、意識のより深いところにある〝まんまる〟に目覚めた瞬間、その憤りが自分の勘違いであり、大きな愛の表現だったという事実に気づいたのです。

「父の暴力は愛の証だったのだ。私に立派な大人になってもらいたいという愛情から来ていたのだ」

「今まで母に反発して、ガミガミ言ってくる母のことを『うるさい』としか思っていなかったけれど、母は誰よりも私のことを思ってくれていたのだ」

そう思うと、とめどもなく涙が頬を伝ってきます。もう、いてもたってもいられません。彼女はすぐに実家の両親の元へ直行し、二人に深く感謝の言葉を伝えることにしました。

すると、お父さんもお母さんも号泣。気づけば、目の前にいる両親の後ろにある仏壇がちょうど二人の間から見えてきて、そこから光のようなものがパーッと射し込んできたのを感じたと言います。

これはまさしく「縦の法則」の「記憶を自由に書き換える働き」が動き始めた瞬間と言っていいでしょう。

興味深いのはここからです。翌日、社宅の奥さんたちと顔を合わせた途端、あれほど嫌だった彼女たちが別人のように「良い人」に見えてきたのです。

さらにその翌日、社宅の奥さんたちとランチ会に行った際、Tさんは例のYさんと隣り合わせで座ることになったのですが、Yさんのほうから話しかけてきて、衝撃の事実を知ることになります。

「Tさん……。どうして、私の家には年賀状をくれなかったの？　私のことを嫌っているのかなあとずっと気にしてたのよ？」

じつはTさんが暮らす社宅には、Yさんと同じ苗字《みょうじ》がもう一軒ありました。そちらのYさんが喪中だったのに、Tさんは間違えて隣のYさんの家に年賀状を出さずにいたのです。それが原因でYさんはTさんから嫌われていると勘違いしていました。

二人の関係がうまくいかなかった最大の原因は、そこにあったのです。

誤解が解けたTさんとYさんは、その後ウソのように仲が良くなり、社宅は修羅場からユートピアへと変貌。ちなみに、この二人、今は無二の親友だそうです。

こうしたケースを、私は数え切れないほどたくさん見てきました。

嫁・姑の問題も、一瞬で解決する

印象的な事例をもう一つだけ手短に紹介しましょう。

姑とものすごく仲の悪い嫁がいました。姑の顔を見るたびに吐き気がしてきて、毎晩、姑を崖から突き落とすシーンをイメージしなければ寝つけないというのですから、テレビドラマも顔負けといったところです。いったい、何百回、いや何千回、姑を殺したことでしょう。

彼女自身、自分のやっていることに問題があることは百も承知です。どうにかしないと……と考え、心理療法、セラピー、占い、神社仏閣と、およそ頼れるものは全部頼ったものの、すべてダメ。また今日も姑を殺さずにはいられません。

そんな彼女も、私の言葉で一変しました。

「私はずっと誰からも愛されていないと思っていたけれど、それは完全に思い過ごしだった。私はみんなから愛されていた。もちろん、姑からも……」

「私は姑の三日月しか見ていなかった。でも、本当は違う。姑は満月そのもの。姑は私のことをものすごく愛してくれている」

「主人と結婚できたのも、姑が主人を産んでくれたおかげ。三人の子どもに恵まれたのも姑のおかげ。姑がいなければ、主人も子どもたちもこの世には存在しなかった」

そう思うと、姑に対してただただありがたいという気持ちでいっぱいになり、姑に土下座をして謝ると、姑もまた彼女の手を取り、二人抱き合いながら号泣したと言います。しかも、それは偶然にも仏壇の前。そこからすべての和解が始まったのです。

「横の法則」は「原因と結果の法則」だと言いました。原因には「根本原因」と「環境原因」の二つがあります。

根本原因というのは、その人が生まれる前からすでに持っているＤＮＡや前世の記憶、そして生まれてから今日に至るまでの両親によって影響を受けた過去の記憶を言います。

環境原因というのは、その時々のその人を取り巻く環境、たとえばどんな家庭で育ち、どういう学生生活を送り、どういう職場で仕事をしているか……などによって心の中に刻み込まれた過去の記憶を言います。

人間関係の悩みを抱える人は例外なく、根本原因に問題があり、それが環境原因と反応して、他人との摩擦・軋轢《あつれき》・確執などを生み出します。

〝まんまる〟に気づくことができれば、「愛する働き」「記憶を自由に書き換える働き」「生かす働き」のすべてが浮き彫りとなります。根本原因と環境原因、そして原因によって生じた結果を同時に変えることができるようになります。

すると、相手が誰であろうと「満月」を見ることができます。

相手もまた、その人の満月が見えます。

つまり、お互いが最良の関係を築くことが可能になるのです。

「偽満月」に惑わされるな!

人間関係で、もう一つ気をつけなければならないことがあります。

満月には、「真満月」と「偽満月」があることです。

真満月とは言うまでもなく、本物の満月（本来の姿）のこと。偽満月とは、人それぞれが思っている理想の満月のことを言います。

たとえば、結婚を望んでいる女性の前に、理想的な男性が現れたとします。

「一流大学を出て、弁護士として活躍し、年収は二千万円以上ある」

「次男で家業は長男が継いでいるから、姑と同居する心配もない」

「とても優しくて、思いやりがある」

「趣味もクラシック鑑賞という点で一致している」


こうした点を見つめれば、彼女にとってこの男性は満月以外の何物でもありません。でも、いざ結婚したら……。

「潔癖症で、ものすごく口うるさい。しかもケチで、バーゲンの洋服を買っただけで、もったいないと小言を言ってくる。挙句の果ては、外出するときにミニスカートをはくなと私のファッションにまで彼の考えを強要しようとする。それで口論が絶えない。ああ、こんな人だとわかっていれば、結婚なんかしなかった。先が思いやられる。もう我慢できない。離婚しよう……」

あるいは、逆のパターンも考えられます。

「結婚してわかったけど、この人は本当にだらしない。自分のこともいっさいしない。家事もすべて私がやらなければならない。相当、母親に甘やかされて育ったと思うと、腹立たしくなる。だから、ついつい小言を言って主人とケンカになる。毎日がその繰り返し。こんな人と結婚するんじゃなかった」

いずれも共通して言えるのは、自分が理想とする満月を相手に重ねた結果だということ。そのため、相手が三日月に見えてしまう。

すべては、自分の理想像に基づいて相手を見た結果なのです。

結婚相手に限ったことではありません。上司・部下にせよ、ビジネスパートナーにせよ、理想の人などこの世に存在しません。理想の人というのは過去の記憶に基づいて、自分の脳の中で作り出している合成物に過ぎないのです。

こうした偽満月に惑わされることなく、それぞれが持っている真満月、すなわち〝まんまる〟を見ることができれば、こんな過ちを犯す心配もありません。

〝まんまる〟を見るためには、先ほど述べた「認めてほしい」「わかってほしい」「愛してほしい」という欲求——「まんまるシーズ」の欲求を満たしてあげることです。すると、相手もあなたの「まんまるシーズ」の欲求を満たしてくれようとします。

これもまた、良好な人間関係を築くうえで大切なことなのです。

子どもの「満月」を見るということ

今度は親の視点で親子関係を見てみましょう。

「子どもが登校拒否するようになり、引きこもっている」

「息子（娘）が非行に走った」

「家庭内暴力で苦しんでいる」

こうしたことであなたが悩んでいるとしたら、ズバリ、それはあなた側に問題があることを断言しておきましょう。

こう言うと「どういう意味だ。ふざけるな」とお怒りになるかもしれませんが、それなりのわけがあります。

第1章で述べたことを思い出してください。あなたは子どもに対して、「こうなってほしい」と願ってばかりいませんか？　「良い学校、良い会社に入ってほしい」と、子どもを無理にその型にはめ込もうとはしませんでしたか？　もっと露骨な言い方をすると、子どもを自分の所有物のように利用して、自分の欲求を満たそうとはしませんでしたか？

あなたが子どもなら、そういうときどうするでしょう。SOS信号を出して、逃げることを考えませんか。

要するに、登校拒否や引きこもり、非行や家庭内暴力といった一連の現象は、子どものSOS信号そのものだったのです。

これはもう、「横の法則」の根底をなす「原因と結果の法則」に縛られていること以外の何物でもありません。

これに対し、「縦の法則」は「生かす働き」です。子どもの資質・個性を最大限に伸ばそうとします。

もう、おわかりですよね。親の理想と子どもの資質・個性はまったく別物です。「縦の法則」に則《のっと》って子どもの資質・個性を見抜き、伸ばしてやるのが親の務めなのです。

〝まんまる〟が大海だとしたら、親も子どもも波のような存在です。波と言っても、大波もあればさざ波もある。風波もあればうねりもある。そう思って、子どもに接していけば、やがて波の奥にある大海、すなわち子どもの満月が見えるようになります。

「元に戻ろうとする働き」を邪魔しない

最後は健康上の悩み——病気についてです。

実例から見ていきましょう。

以前、私は山梨で旅館と喫茶店を営む七十代後半の全盲の男性と会話をしたことがありました。彼は原因不明の病気で視力を失い、すでに二十年以上経《た》ちますが、私に次のように言うのです。

「私はこれで良かったと思っています。おかげで、人の心がよくわかるようになりました。目が見えたときには見えなかったものが、よく見えるのです。神様が目を見えなくしてくれたことに感謝しています。私は今本当に幸せです」

よく聞けば、男性は悟りを開いた老人として、地元山梨では少しばかり有名のようで、彼の話を聞いて勇気づけられ、感動する人がたくさんいるらしいのです。

私は男性が口にした言葉に引っかかるものを感じました。

そして強い口調で、あえて次のように反論しました。

「あなたは今、神様が目を見えなくしてくれたことに感謝しているとおっしゃいましたね。しかし、神様が人間の目を見えなくすることはないと思います。

神様は目が見えるように、人間の体をお作りになりました。すなわち、目が見えるようになることが、神様の意に沿うということではないでしょうか。あなたはこれで良かったと言いますが、本当に良いのは、視力が回復することで、ご自分の顔や奥さんの顔、そしてお孫さんの顔をしっかりとその目で見ることではないでしょうか」

じつに一時間ほど、彼の魂に語りかけるように話しました。

すると、その間、私の話を黙って聞いていたその男性が、突然、「あーっ！」と大きな声を上げ、こう言い出すではありませんか。

「佐藤さん！　あなたの顔が見えます。ウソではありません。本当によく見えます！」

その日、私は男性が営む旅館に泊まりました。翌朝も私と会うなり、「佐藤さん、一晩経ちましたが、朝起きても、こうして目が見えます。二階の寝室から階段を降りるとき、杖《つえ》を持たずに降りることができました。もう、杖はいりません。妻に手を引いてもらわなくても、一人で歩くことができます」と、嬉しい報告をしてくれました。

私にはなぜ男性の目が見えなくなったのかが、よくわかりました。男性はとても心が優しく澄んだ方で、多くの人から尊敬され、慕われていました。それゆえ、人の嫌な面は見たくない、汚いところは見たくない。そういう思いが目を見えなくさせていたのです。

これはもう「横の法則」（原因と結果の法則）で言うところの「欲望を抱く働き」がマイナスに働いたこと以外の何物でもありません。

それに対して私が訴えたのは、「縦の法則」の「生かす働き」でした。「生かす働き」というのは、言い換えると、元に戻ろうとする働きのことです。ものを持ち上げ、手を放したら、下に落ちますよね。川は上流から下流へと流れ、海に注ぎますよね。いずれも、元に戻ろうとする働きです。

その男性には「神様」という言葉を使いましたが、人間にも同様に、元に戻ろうとする働きがあります。

それを「自然治癒力」と言うのです。

自然治癒力と病気は綱引き勝負をしている

自然治癒力とは、言うまでもなく、人間が病気になったりケガをしたりしたとき、それを治そうとする働きのことを言います。

転んで膝を擦りむいて血が出ても、ちょっとくらいの傷なら放っておいても、そのうち治ってしまいます。風邪をひいたときも同じです。ノドが痛くても、咳《せき》が出ても、軽症ならば、薬を飲まなくても治ってしまった……ということはありませんか。

これらはすべて自然治癒力の作用。男性の視力が回復したのも、自然治癒力によるものです。

私が声を大にして言いたいのは、病気から解放されたければ、自然治癒力のスピードをアップさせるために、自然治癒力の邪魔をせず、逆に協力するということ。これが「縦の法則」を健康に生かすことにつながります。

繰り返しますが、「縦の法則」の「生かす働き」とは、元に戻ろうとする働きを言います。ものを持ち上げ、手を放したら、下に落ちます。川は上流から下流へと流れ、海に戻ります。振り子の先を手で持ち上げて放すと、元の位置に戻ります。すべては、元に戻ろうとする働きです。人間も病気になったら、本来の健康体に戻ろうとする自然治癒力が働くようになっているのです。

私は第1章で「自然治癒力と病気を愛する心が引っ張り合いをしている」と言いました。自然治癒力を白組、病気を愛する心を赤組だとすると、あなたは綱引きの勝負、どちらに勝たせたいですか？　絶対に白組ですよね。

だとしたら、あなたがやるべきことはただ一つ。白組に協力すればいいのです。白組に加勢すればいいのです。そうすれば、白組（自然治癒力）のパワーは強烈に強まり、圧倒的な勝利をおさめ、赤組は敗退。病気は完治してしまうのです。

しかし、現実はそううまくいきません。病気で苦しむ人は白組が劣勢、赤組が優勢です。理由はその人が赤組に加勢しているからにほかなりません。

「あなたは胃ガンです」「あなたはうつ病です」と医師に診断されると、その瞬間から、胃ガン（うつ病）という看板を背負うようになります。家族をはじめ、周囲からも「あの人は胃ガン（うつ病）だ」という見方をされるようになります。すると、胃ガン（うつ病）から逃れられなくなり、いつもそのことばかり強く思うようになります。

「私は胃ガン（うつ病）だ。どうにかして治さなければ……」

「名医を探そう。そして一日も早く治してもらおう……」

これこそが、綱引き勝負で赤組に加勢している状態。言い換えると、不自由で欠けた三日月を強引に満月に変えよう（戻そう）としているわけです。これでは形はいびつになるばかり。

健康と病気の綱引き

では、どうすれば、白組に協力できるのか？　加勢できるのか？

方法はいたって簡単。不自由で欠けた三日月を強引に満月に変えよう（戻そう）としないで、自分はもともと満月であることに目覚めればいいのです。満月という前提で生きればいいのです。

私は満月。完全・完璧な存在。〝まんまる〟そのものとしてこの世に生まれてきた。

そう思った瞬間から、赤組の綱を手放すことができます。同時に白組の綱を強く握りしめることができます。〝まんまる〟が作ったままの健康な自分に戻ることができるのです。

世界最高、宇宙最高の名医は外にいるのではなく、あなたの心の奥にいる。この発想を、あなたが健康生活を送るための指針にしてみませんか。

今から未来を見るのではなく、死の間際から今を見る

ここまでいろいろお話ししてきましたが、私は、すべて反対側から物事を見ているとお感じになりませんでしたか。

たとえば成功哲学では、今から未来に向かって目標を立てますが、私は反対です。目標は、遠いところから立てなければ意味がありません。

アメリカに行くことを決めてから、成田空港へ行きますよね。名古屋に行くと決めたから、東京駅に向かうのです。

行く場所によって第一歩を踏み出す方向も手段も違います。

では、人生の一番遠いところは、どこでしょう。

そう、人生最後の日。つまり死ぬときですね。

人間は例外なく、いつか必ず死を迎えます。それがいつ来るのかは誰にもわかりませんが、あなたが天寿を全うしてこの世を去るときを想像してみてください。

どんな気持ちで旅立ちたいですか。

「いろいろあったけど、今世で体験したことは、すべて良かった」

「なすべきときに、なすべきことをしてきた」

「みんなから愛され、慕われた」

そんな気持ちで、心の底から「ありがとう」と感謝の心に満ちあふれながら、旅立ちたいとは思いませんか。

これって、最高の人生ですよね。そうなるためには、今から未来を見つめるのではなく、死に臨む間際から今の自分——生というものを見つめることです。

死ぬときは、肉体はもちろん、家も家族も土地も財産も、何一つ持っていけません。みんな置いていきます。そのとき、最高の人生だったと思いながら死んでいける人生とは、いったい何か。それを今考え、実践するのです。死ぬときに後悔しても、一秒たりとも取り戻せません。

死ぬ間際で一番つらいのは、悔いを残すことではないですか。仕事であぁすれば良かった……。他人にこうすれば良かった……。もっとこう生きるべきだった……。こうしたことに気づいたとしても、もはや手遅れ。そうなると死んでも死に切れません。

また、宗教で神仏を見ようとしても、永久に見られません。

自分のメガネが歪《ゆが》んでいたら、見える世界も歪んで見えます。メガネが黄色かったら、すべてが黄色く見えます。そのメガネというのが、過去の記憶や体験です。

反対に、神から自分を見、世界を見たら、どうですか。神から見たら、黄も赤も青もすべて消えて、透明になります。すると、本当の自分、本当の世界がはっきり見えるでしょう。

そうなれば、自分は何のためにこの世に生を受け、どういう使命があるかということが明確になります。

それに沿って生きていけば、きっとこう思えるでしょう。

「いろいろあったけど、今世で体験したことは、すべて良かった」

「なすべきときに、なすべきことをしてきた」

「みんなから愛され、慕われた」

人生の最期を、このような思いで迎えられたら最高ですね。

第4章

「満月」に気づくためのエクササイズ

「満月の法則」は学びよりも実践が大切！

「仕事も人間関係も恋もうまくいかない」

「ツキに見放され、にっちもさっちもいかない」

「人生がいっこうに報われない」


こうした悩みを抱える人たちのために、これまで多くの人生論や自己啓発関係の本が出版されてきました。それらの本には一つの共通点があることをご存じでしょうか。

それは、「あなたは不完全である」という観点からスタートしていることです。


「あなたのこういう点が至らない。ここがなっていない」

「だから、こうしなさい。ああしなさい」

「そうすれば、うまくいくようになりますよ」

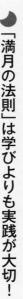

要するに、十点、二十点、三十点と加点していく発想です。
私の考え方は違います。

〝まんまる〟は「愛そのものの世界」。
〝まんまる〟は「感謝そのものの世界」。
〝まんまる〟は「喜びそのものの世界」。
完全・完璧で、何一つ迷いのない素晴らしい世界。
人間はその〝まんまる〟そのもの。
だから、どの人もみんな完全・完璧な存在。

人間はすでに生まれながらにして百点満点。点数を上げる必要などないのです。

「自分はせいぜい、二十～三十点程度」などと思ってしまうのは、長らく「横の法則」にどっぷりと浸かってきた過去の記憶がそうさせているだけ。不完全な自分から自分を見るのではなく、完全・完璧から自分を見るようにするのです。

そこで本章では、いつでもどこでも簡単に行える「満月に気づくためのエクササイズ」をいくつか紹介しましょう。

これらを実践すれば、「自分も他人も〝まんまる〟そのもの」という自覚がいっそう深まると同時に、仕事に対する姿勢も、人に対する思いも、すべて良い方向に変わっていくことを、最初に約束しておきましょう。

「完璧 愛ポスト」を実践する

あなたにとって、もっともつらい「過去」は何でしょう？

イジメに遭ったことですか？　失恋したことですか？　第一志望の大学に入れなかったことですか？　リストラに遭い、会社をクビになったことですか？　確かにどれもつらいですよね。忌まわしい出来事としか言いようがないかもしれません。

では、あなたにとって、もっともつらい「現実」は何ですか？

上司から嫌われていることですか？　結婚相手に巡り会えないことですか？

お金に困っていることですか？　うつ病になってしまったことですか？

どれも確かにつらいですよね。


そんなつらい過去・つらい現実のおかげで、これからの人生がハッピーになる、と言ったら、ちょっとびっくりするのではないでしょうか。

それを可能にしてくれるエクササイズが**「完璧　愛ポスト」**です。

端的に言うと、つらい過去やつらい現実を書き出すことで、本当の意味――天からのメッセージをくみ取り、それを基に「これからどういう行動を取ればいいのか？」という答えを出すためのワークのことです。


つらい過去を引きずっていると、「あんなことさえなければ、今の私はもっと○○なのに……」と後悔の念にかられます。心のゴミがどんどん溜《た》まっていく状態です。

つらい現実に直面すると、「今の私はこんなに悩み、苦しんでいる」という思い（原因）によって、この先の人生に悪影響（結果）をもたらすことになります。

しかし、つらい過去、つらい現実には意味があります。天からの大切なメッセージが隠されています。「完璧　愛ポスト」を実践すると、それが見えてきます。

心がとても明るくなって、無理をしなくても、ごく自然に生きられるようになります。心のゴミも消滅。「今の私はこれでいい。これで十分」というプラスの思い（原因）によって、この先の人生にも明るい兆し（結果）が見えてくるようになるのです。

これは無理やり思い込もうとするものではありません。価値観を押しつけるものでもありません。「自分という人間は〝まんまる〟とつながっている、完全・完璧な存在」というスタート地点に立ったときに、見えてくるものをそのまま受け入れるだけでいいのです。

その方法を、順を追って説明しましょう。

①悩みや苦しみを書き出す

まず、専用のノートか手帳を用意してください。

そこに、つらい過去の出来事で心に引っかかっていること、あるいはつらい現実で悩んでいること、苦しんでいること、不安に思っていることなどを記入していきます。簡潔な箇条書きにするのがポイントです。

■記入例→恋人に裏切られたショックから抜け出せない

地方に左遷された

友人の連帯保証人になってしまい、借金がある

吃音《きつおん》（どもり）のせいで、人前でしゃべるのが苦手だ

糖尿病になってしまった

このとき、一番の悩み・苦しみを優先して書くようにしてください。

自分にとっての一番の悩み・苦しみは「とても重要である」というメッセージでもあるからです。重要なことに取り組むからこそ、成果が出やすいのです。

②「これで良かった」ことをリストアップする

悩みや苦しみを書き出したら、いったん小休止して、心を整えましょう。

二～三分くらいでかまいませんので、心の中で「完璧、完璧、完璧……」と唱えてください。これを行うと、あなたの心が〝まんまる〟と同期しやすくなります。

そうしたら、①で記入した悩みや苦しみに対して、これで良かった理由を探して記入してください。なかなかそうは思えなくても、まずは気軽な気持ちでどんどん書き連ねていくことがポイントになります。

今日は、二～三個しか探せなかったとしても、明日も明後日も、付け加えて書いていってください。十個でも二十個でも、いや百個でもかまいません。

糖尿病になってしまった場合を例にとってみましょう。

■糖尿病になってしまった→病気になった人の気持ちがわかるようになった
→妻が自分を支えてくれていることを知った
→食生活と運動することの大切さを思い知った

↓定期検診の大切さを身にしみて感じた

このように、「これで良かった」と思える理由をどんどんリストアップしていくと、本当にこれで良かった点が見えてきます。

③「愛の行動リスト」を記入する

リストアップが完了したら、その気持ちをどんな行動で表したらいいのかを考え、「愛の行動リスト」を記入してください。実際に行動に移すことによって、「原因と結果の法則」で言うところの新しい「原因」を作り出すことができるからです。

その際のポイントは、とにかく具体的に書くこと。具体的に書くと、すぐにでも行動に移せるという利点があるのです。

参考までに、これも記入例を挙げておきましょう。

■病気になった人の気持ちがわかるようになった
↓これからは少額でもいいから、医療機関にお金を寄付する
■妻が自分を支えてくれていることを知った
↓妻との会話を増やす
↓妻に感謝の気持ちを伝える
■食生活と運動することの大切さを思い知った
↓野菜中心で薄味の食生活に切り替える
↓お酒は完全に断ち、甘いものもなるべく口にしない
↓毎日、三十分、ジョギングする
■定期検診の大切さを身にしみて感じた
↓年に二回、必ず健康診断を受ける

「愛の行動リスト」を記入したら、次はどれから行動に移すかの優先順位をつけていきます。

その作業が完了したら、ここでも心の中で「完璧、完璧、完璧……」と唱えて

ください。意識がますます〝まんまる〟と同期するようになります。

さあ、後は優先順位をつけたものから行動あるのみです。行動に移していけば、あなたの目の前の世界がそれまでとはガラリと変わっていくのを目の当たりにするでしょう。

これで良かった。だから良くなる

ところで、東日本大震災が起きてから約二か月後、私は福島の避難所（学校の体育館）をいくつか訪問したことがありました。

私のような者が突然行って、どうなるのか、何をするのか、私自身わからないまま、とにかく突き動かされるように訪ねたのです。

避難所では、二十分ほど講演をする時間をいただきました。

そのとき、以下のような話をしました。

みなさんに三つの言葉をお贈りします。

一つめは「これで良かった」です。

過去（大震災）に対して、すべて「これで良かった」と唱えてください。

この状況で、これで良かったなんて、とても思えないでしょう。

それでも「これで良かった。これで良かった」と唱えてください。

そうしたら、良かった理由が必ず出てきます。

二つめは、現在、今に対して「ありがとうございます」と唱えてください。

どんなことでも、「ありがとう」と。

そうすると、ありがとうの理由は後から見えてきます。

三つめは、未来に対して「だから良くなる」です。

「だから良くなる。だから良くなる」と、良くなる方向に向けて、車にたとえると、ハンドルをそちらに向けていくのです。

この三つの言葉を、心の中で唱え続けてください。

誤解がないように申し上げておくと、私はいたずらにそんな話をしたわけでもなければ、表面的に励まそうとしたわけでもありません。

人間の心の奥にある〝まんまる〟の観点から、敬意をもってお話ししたのです。


このまま悲観していたら、津波で流された人たちは浮かばれません。

被災者の方々が、この過酷な境遇の中で、整然と並んで食べ物などを順番にもらっている姿、礼儀正しくする姿勢が世界中に発信され、日本人、東北の方の素晴らしさが世界中から賞賛された。残されたあなたたちは、とても素晴らしい存在である。亡くなった人たちのためにも、明るく生きていけば未来も全然違ってくる。


そのことを強く訴えたかったのです。


そんな私の気持ちが通じたのでしょうか。みなさん熱心に耳を傾けてくださり、「これで良かった」「ありがとう」「だから良くなる」を唱えてくださいました。

そして、実際に少しずつですが、みなさん、明るく前向きになってくれました。

その姿に私は大いに感動したものです。

同じことは、あなたにも言えると思います。

「昔も今もつらいことだらけ。生きているのがほとほと嫌になった」

「この先の人生はお先真っ暗闇だ」

そういうときこそ、「完璧　愛ポスト」を〝まんまる〟に目覚めるためのエクササイズとして取り入れてください。

自然に、「悪いことは良いこと」と思えるようになります。そして、良いことと悪いことを分けないようになれます。

「最悪のせいで……」「最悪だから……」が、「最悪のおかげ……」「最悪が最高」に変わるのです。

「奉仕と感謝の倉庫」を作る

二つめのエクササイズは「奉仕の倉庫」と「感謝の倉庫」を作ることです。

「完璧　愛ポスト」と同じように、まず専用のノートか手帳を用意してください。

「奉仕の倉庫」というのは、他人へのプレゼントを入れる倉庫のことです。

童心に返って、クリスマスを迎えたときのことを思い出してみてください。

「今年のクリスマス、サンタさんは何をプレゼントしてくれるのかなあ」

「ボクは機関車のおもちゃがいいなあ」

「私はやっぱりお人形」

「甘いものが大好きだから、ボクはチョコレート」


こうしたことに思いを馳《は》せ、胸を躍らせた人も多いと思います。

そして実際に、朝、目が覚めたら、ベッドの脇に機関車のおもちゃ（お人形）があった。やった！ 嬉《うれ》しい！……という経験はありませんでしたか。

同様に、「この人にはどういうものをプレゼントしたら、喜んでもらえるだろうか」を考え、ノート（手帳）に書き留めておくのです。

誤解しないでほしいのは、子どものそれと違って、ものとは限らないこと（もちろん、ものであってもかまいませんが）。

「この人に、こういう言葉を投げかけると、喜んでくれるに違いない」というふうに、さりげなく〝思いやりの心〟を示せばいいのです。

「Aさんご夫妻はロシア料理が大好きとお聞きしました。このお店のボルシチは最高に美味《おい》しいですよ。もし、奥様と行かれるようでしたら、クーポン券をプリントアウトしておきましたので、どうぞ」

「Bさん、パソコンを買い替えるときは一声かけてください。面倒なセットアップは自分が行います」

こうしたプレゼントをあなたの周りの人の分だけ用意しておけば、あなたの心も、プレゼントされた相手の心も〝まんまる〟と同期するようになります。

「感謝の倉庫」というのは、先ほどの「奉仕の倉庫」で実際にプレゼントした結果、返ってきた感謝の反応、言葉を溜めておく倉庫です。それをノート（手帳）に書き留めることを言います。

いずれも、毎日ノートに書き留め、一日一人でもいいからプレゼントを実施し、感謝の言葉を口にすることがポイントです。

「美点発見ノート」をつける

どんなものにもメリット――美点というものがあります。

腕時計を例にとると、「すぐに時間がわかる」というのが最大の美点です。ものすごく軽い。数字が大きいので見やすい。デザイン・形状のセンスがいい。これらも美点ですよね。

ほかにもあります。アラーム機能がついていて、寝坊しないですむ。そのおかげで会社に遅刻しないですむ。これも美点と言っていいでしょう。

温泉街にあるホテルや旅館はどうでしょうか。快適で広々とした部屋、美味しい料理、大浴場をはじめとする調った設備。これらはあって当然の美点です。

では、数ある温泉街のホテル・旅館に泊まるとき、あなたは何を基準に「ここにしよう」と決めますか?

「チェックインが早めで、チェックアウトが遅めだから、ゆったり過ごせる」

「家族風呂が三十分無料で、ソフトドリンクのサービスもある」

「ペットの連れ込みが可能だ」

こうしたことを、一つの基準とするのではないでしょうか。

これらは、そのホテル・旅館ならではの、特有の美点です。

人間も例外ではありません。その人ならではの美点というものが備わっています。それを見つけるためのエクササイズが「**美点発見ノート**」です。

たとえば、あなたの奥さんが口やかましい人だとします。

「顔を合わせるたびに、小言ばかり言ってくる。こんな女と結婚なんかするんじゃなかった……」

そういうときこそ、ノートに奥さんの美点をどんどん書き込んでいきます。

「自分が寝坊しないですむのは、妻が毎朝、起こしてくれるからだ」

「ボタンが取れると、すぐにつけてくれる」

「好物のカレイの煮つけをよく作ってくれる」

「世界には三十五億人の男性がいるのに、自分を選んでくれた」

短気ですぐにカッとなる同僚、自己主張の激しい同僚に対しても同じです。

「後輩の面倒見が良い」

「パソコンの操作に精通している」

「グチをこぼすと、親身になって聞いてくれて、励ましてくれる」

「忘年会や慰安旅行のとき、面倒な幹事を率先して引き受けてくれる」

ちなみに、相手の短所すら、長所になりえます。

気が小さくて心配性なのは、慎重で用心深い証拠ですよね。

頑固なのは、意思が強い証拠です。

神経質なのは、繊細で几帳面な証拠ではないですか。

ケチなのは、経済観念が発達している証拠かもしれません。

そう考えると、どの人も美点だらけ、美点づくし。いくらでも発見できると思いませんか。

一人の相手に対して、百個くらいの美点が発見できるようになればしめたもの。相手が〝まんまる〟(満月)そのものに見えてきます。相手のことが大好きでたまらなくなります。今まで好きになれなかった人に対してさえもです。

その気持ちを大切にしながら、相手に美点を伝えるとどうなると思いますか。

相手もまたあなたの〝まんまる〟(満月)にしか、目が行かなくなるのです。

「ワクワクノート」を作る

あなたがワクワクするのはどんなときですか?

海外旅行、たとえばハワイに行く直前なんか、そうかもしれませんね。

「ワイキキのビーチで泳いだら、気持ちがいいだろうなあ」
「お土産に何を買おうかなあ」
「何を食べようかなあ」

そういったことを想像しただけでワクワクすると思います。

ジャンボ宝くじで七億円が当たったとしたらどうでしょう。

「どうしよう……。そのお金を何に使おう……」などなど、もう、言葉では言い表せないほどワクワクすると思います。

第3章で述べたことを思い出してください。人がお金を欲するのは、「自由」を求めているから。自由になって「喜び」や「幸せ」を得ることで、心が満たされることを望んでいるから。自由になって「喜び」や「幸せ」を得るというのは、言い換えると、ワクワク感を味わいたいという欲求でもあります。

つまり、お金が欲しいのはワクワクしたいから。突き詰めていけば、どの人もみんな、お金ではなくワクワクを欲していると言ってもいいと思うのです。

そんなワクワク感を自分にではなく、相手に授けられたら、相手もこんなに嬉しいことはありません。感動もひとしおです。そのためのエクササイズが**「ワクワクノート」**です。

ここでも専用のノート（手帳）を用意し、「この人をワクワクさせてあげるためにはどうしたらいいか？」を思いつくまま書き込んでみます。

決して難しく考える必要はありません。相手の関心ごとに敏感になり、次のようなことをどんどん書き込めばいいのです。

「娘たちにディズニーランドに連れて行ってあげる約束をする」
「ワインに目がない妻に、解禁したばかりのボジョレーヌーボーを買ってくる」
「初めて香港へ旅行に行く後輩のために、美味しい飲茶《やむちゃ》のレストランの場所をプリントアウトしてあげる」
「もうすぐ課長に昇進する同僚のために、祝賀会を開く」

大事なのは、ひと通り書き終えたら、どれから実行に移すか、優先順位をつけること。あなたがそうすることによって、相手が喜びいっぱいになっている姿を想像すること。そして、実際に行動に移すことです。

泥棒のワクワクとサンタクロースのワクワクは違います。泥棒は自分の懐が満たされるのを想像してワクワクしますが、サンタクロースは子どもたちが喜んでくれる姿を想像してワクワクします。

そうです、お金以上に価値のあるワクワクを先に受け取ることができるのです。

あなたがそのサンタクロースに変身するとどうなるか？　クリスマスだけでなく、毎日、サンタクロースを続けるとどうなるか？

仕事であれ、人間関係であれ、あなた自身が毎日ワクワクで満たされるようになるでしょう。

バック・モチベーションを高める

モチベーションが高まるのはどんなときでしょうか。

「このプロジェクトが成功したら、部長に昇進できる」
「税理士の資格を取ったら、独立して自分の事務所を構えられる」
「営業ノルマが達成できたら、給料が大幅にアップする」

こうした希望や目標があれば、確かにモチベーションが高まりますね。

でも、どれも馬の鼻面にニンジンをぶらさげて、馬を走らせるようなものだとは思いませんか。私はこれをフロント・モチベーションと呼んでいます。

フロント・モチベーションが悪いとは言いませんが、私が提唱するモチベーションはちょっと違っています。


自分を支えてくれている多くのサポーター・協力者のおかげで今の自分があることに気づいたとき、自然に愛と感謝の心が湧き上がってきます。愛と感謝の心があふれたとき、「もっと、ご恩返しがしたい」「もっと、お役に立ちたい」「もっと、喜んでいただきたい」という、自分以外の誰かのために頑張ろうとする「やる気」が湧いてきます。

この「やる気」を私は「バック・モチベーション」と呼んでいて、最後に紹介するのは、それを高めるためのエクササイズです。

エクササイズの方法もいたって簡単で、「愛の発見」と「感謝の発見」をするだけです。

家族をはじめ、身近にいる人の顔を思い出し、相手の素晴らしい点を発見して記入するのが「愛の発見」。感謝できる点を発見して記入するのが「感謝の発見」です。

参考までに記入例を記しておきます。

■愛の発見

父親に対して↓いつも温かく包容力がある

母親に対して↓いつも家族の健康と幸せを第一に考えてくれる

上司に対して↓いつも明るくリーダーシップを発揮してチームを引っ張ってくれる

部下に対して↓人が見ていないときも手を抜くことなく黙々と仕事をしている

■感謝の発見

父親に対して↓大学まで行かせてくれた

母親に対して↓いつも大好物のオムライスをこしらえてくれた
上司に対して↓納品が遅れたとき、謝罪に同行してくれた
部下に対して↓毎年、忘年会の幹事を引き受けてくれる

記入が終わったら、相手の顔を思い浮かべ、愛と感謝を、実際に声を出して伝えるようにしましょう。その際、愛のキーワードは「大好きです」。感謝のキーワードは「ありがとうございます」。

これを習慣にすることで、実際に相手と会う前に、愛と感謝の心、バック・モチベーションを高めることができます。

ただ、なかには次のように考える人もいると思います。

「憎いあいつだけは許せない。とても、愛と感謝の発見なんかできない」

本当にそうでしょうか。

憎い相手でさえも、愛と感謝の発見はできます。よく考えてみてください。そ

ういう憎い人が一人いたら、ほかの人がみんな素晴らしい人に思えてきませんか。ほかの人はみんな大好き！　そんな気持ちになりませんか。

ということは、憎い人は、ほかの人を素晴らしく見せるために、大好きになるために、あなたの目の前に現れた天の使者と言ってもいいのではないでしょうか。

人生をドラマに置き換えてみると、「だから、おもしろい」と言えると思うのです。

『水戸黄門』や『遠山の金さん』といった時代劇を考えてみてください。もし、黄門様や金さんの前に悪人たちが現れなかったら、どうなりますか？　ドラマがつまらなくなりますよね。観《み》る気がしなくなりますよね。

そういうドラマに出演した役者さんたちは、善人役・悪人役を問わず、クランクアップには打ち上げパーティーに参加します。参加した役者さんたちは、「お疲れ様」と言いながら労をねぎらい合います。「水戸のご老公様、お疲れ様でした」「悪代官様こそ、お疲れ様でした」と挨拶を交わしながら、カンパーイ！

人生ドラマも同じです。人はいつか必ずあの世に旅立ちます。あの世に行ったとき、この世で体験したことは夢であったかのように思え、そこで出会った人たちに敵・味方がなかったことに気づかされます。

では、あの世で「この世の打ち上げパーティー」をしたとき、あなたは憎い人に何と言いますか？

「最後まで悪役に徹してくださいまして、ありがとうございました。おかげで素晴らしい人生ドラマになりました」

「あなたがいなければ、私の人生ドラマはもっとつまらないものになっていたかもしれません」

そう、だから、どんなに憎い人であっても、愛と感謝の発見はできるのです。

このエクササイズを習慣にするだけで、ここまで変わる

いくつかエクササイズを紹介してきましたが、全部を行う必要はありません。「これなら、すぐにできそうだ」というものを、一つでも二つでもいいから、日課として取り入れてほしいのです。

「雨垂れ石を穿《うが》つ」という格言がありますが、毎日コツコツと続けていけば、心の底から「自分も〝まんまる〟。あの人もこの人もみんな〝まんまる〟」と思えるようになり、常識をくつがえすほど、人生が大きく好転するようになるのです。

それは遠い先のことではありません。早ければ、数か月、いや数週間で、身をもって「大きな好転」が体感できるようになります。

Mさんというセールスマンがいます。Mさんは学生時代、対人恐怖症で悩まされ、いっとき、大学にもろくに行けず、家の中でずっと引きこもっていたことがありました。たまに外出すると言っても、夜中にこそこそとコンビニに行く程度です。

そのMさんが、何の手違いか、ＯＡ機器の販売会社に入社し、コピー機を売る飛び込み営業の仕事をやるハメになってしまいました。

対人恐怖症なので、当然ながら、まともに人と会話なんかできません。恐ろしさのあまり、雑居ビルに入っては、そこで一日中、身を潜めている……ということが、一度ならずあったと言います。

さすがに「これじゃあダメだ」と思ったのでしょう。私のところに相談に見えるなり「このままセールスマンの仕事を続けていいものでしょうか」と言ってきたので、私は大声ではっきりとこう断言したのです。

「もちろんです。いや、セールスマンの仕事が続けられるどころか、あなたは間違いなくトップセールスマンになれます！」

その後、Mさんは、「美点発見ノート」と「バック・モチベーション」のエクササイズを徹底して行うようになりました。すると、何とたったの三か月で新規開拓部門の優秀セールスマンとして表彰され、その後、全国のコピー機販売のトップセールスマンになったのです。しかも四年連続。対人恐怖症で、人と満足に会話できなかったMさんが……。

なぜだと思いますか？

それは、愛と感謝の海を作ったことが関係していました。

たとえて言えば、当初、Mさんとお客様の間にあったのは、ゴツゴツとした岩地でした。運搬手段は船だけなので、岩地に「商品を積んだ船」を浮かべて運ぼうとしても、水がないわけだから、まったく進まないのは明らかです。

そこで彼は大地に水をたっぷり注ぐという行為を始めたのです。水と言っても、ただの水ではありません。「美点発見ノート」と「バック・モチベーション」のエクササイズで作られた愛と感謝の成分をたっぷり含んだ水です。それを毎日大量に岩地に注ぎ込み、Mさんとお客様の間に、海を作ったのです。

そこに「商品を積んだ船」を浮かべれば、お客様の元へスムーズに運ぶことができます。Mさんがトップセールスマンになれた最大の秘訣《ひけつ》はここにありました。

あなたも同じです。本章で紹介したエクササイズを一つでも二つでもいいから、毎日続けてみてください。必ず相手との間に愛と感謝の海を作ることができるようになります。そして、意識レベルが確実に上がるようになります。

意識レベルが上がると、考え方や行動も変わるようになり、つき合う人、入ってくる情報も変わるようになります。それによって、「生き方の質」そのものが変わるようになるのです。

人生はハッピーエンドになるようにできている

今まで「横の法則」にどっぷりと浸かっていた人からすれば、人生は山あり谷ありで波乱万丈のように思えるかもしれません。

しかし、エクササイズを日課にすると、「縦の法則」すなわち〝まんまる〟とともに生きていることを実感します。

どんなにつらいことがあっても、なんとかなると思えてきます。

「人生はハッピーエンドになるようにできている」と思えてきます。

これを、渓谷などの川の流れにたとえて考えてみましょう。

渓谷を流れる川にはたくさんの岩が方々に点在しています。大きな岩を通り過ぎたと思ったら、段差がある。そこを通過したと思ったら、とがった岩にぶつかりそうになる。うまくかわすことができたとしても、しばらく先に行くと滝がある。そこを急降下しなければならない。

あなたの人生が、こうした川の流れだとしたら、一難去ってまた一難、まさしく波乱万丈以外の何物でもありません。

「どうして、こんなにつらい目ばかりに遭うのだろう」「もう、流れるのがほとほと嫌になった」と思えてくるでしょう。

しかし、それはあくまで横の世界・横の目線で見た世界に過ぎません。はるか上空から見たら、景色がまるで違ってきます。大小、さまざまな岩にぶつかりそうになって流れていても、やがては穏やかな大河へと行き着き、最後は広大な海に戻っていく光景が一望できます。

横から見たらわからないかもしれませんが、上空から見れば、先が一望できるので、目の前のことなど心配しなくてもいいのです。

人生はハッピーエンドになるようにできているのです。

今日一日もハッピーエンド。今週も今月もハッピーエンド。今年一年もハッピーエンド。来年もハッピーエンド。そのことがあらかじめわかっているのですから、毎日、この一瞬一瞬を迷いなく思い切り生きることができるのです。

あなた自身が灯台になるということ

本章で紹介したエクササイズの中には、他人を愛することの大切さ、感謝することの大切さに関連するものがいくつもありました。

誤解がないように申し上げておくと、私は「他人のために尽くしてください」「与える生き方に徹してください」と言っているわけではありません。

他人のために尽くす、与えるということは、確かに大切です。しかし、人のためばかりやっていると、自分の足元がおろそかになったり、どこか無理してやっているという思いや葛藤も生じてきます。かと言って、自分のためだけだと、エゴになり、周囲と不調和が生じます。

人のためだけにやるとウソになり、自分のためだけにやるとエゴになる。いったい、どうしたらいいのでしょうか。

灯台を考えてみてください。灯台は遠くの海上を照らしますが、足元は真っ暗です。ちょうど「世のため、人のため」と言って、自分や身近にいる家族のことを顧みないような状態、そう、「灯台もと暗し」ですね。

でも自分の足元を照らそうとしたら、今度は遠くを照らすことはできなくなります。自分や家族のことに精一杯で、他人のことはおかまいなしといったエゴの状態です。

では、灯台そのものが光ったら、どうでしょう。その光は、足元も遠くも同時に照らすことができるようになります。

そうです、自分自身が「光り輝く灯台」になればいいのです。

自分自身が光そのものになれば、まず自分が喜びでいっぱいになります。自分の身近にいる人も明るく照らせます。世の中全体へも光が広がります。いっさいの矛盾がなくなるわけです。

もちろん、一番光っているのは、光源（＝満月）である自分です。次に自分の家族や身内を照らします。その次は職場とか社会を照らします。自分の近いところからどんどん遠くに向かって光が広がっていく。それが全世界にまで広がる状態が、〝まんまる〟に目覚めるということなのです。

私も満月。世の中の人すべても満月。

完全・完璧なまんまるの存在。

みんな〝まんまる〟の分身として、この世に生まれてきた。

これを人生の指針にすれば、自分のやるべきことが明確になります。自分の能力が存分に発揮でき、人に喜びを振りまけるようになります。

全身が光の灯台になる

あなた自身が光になることで、あなたも、そしてあなたの周りにいる人も、みんな喜びで包むことができる。

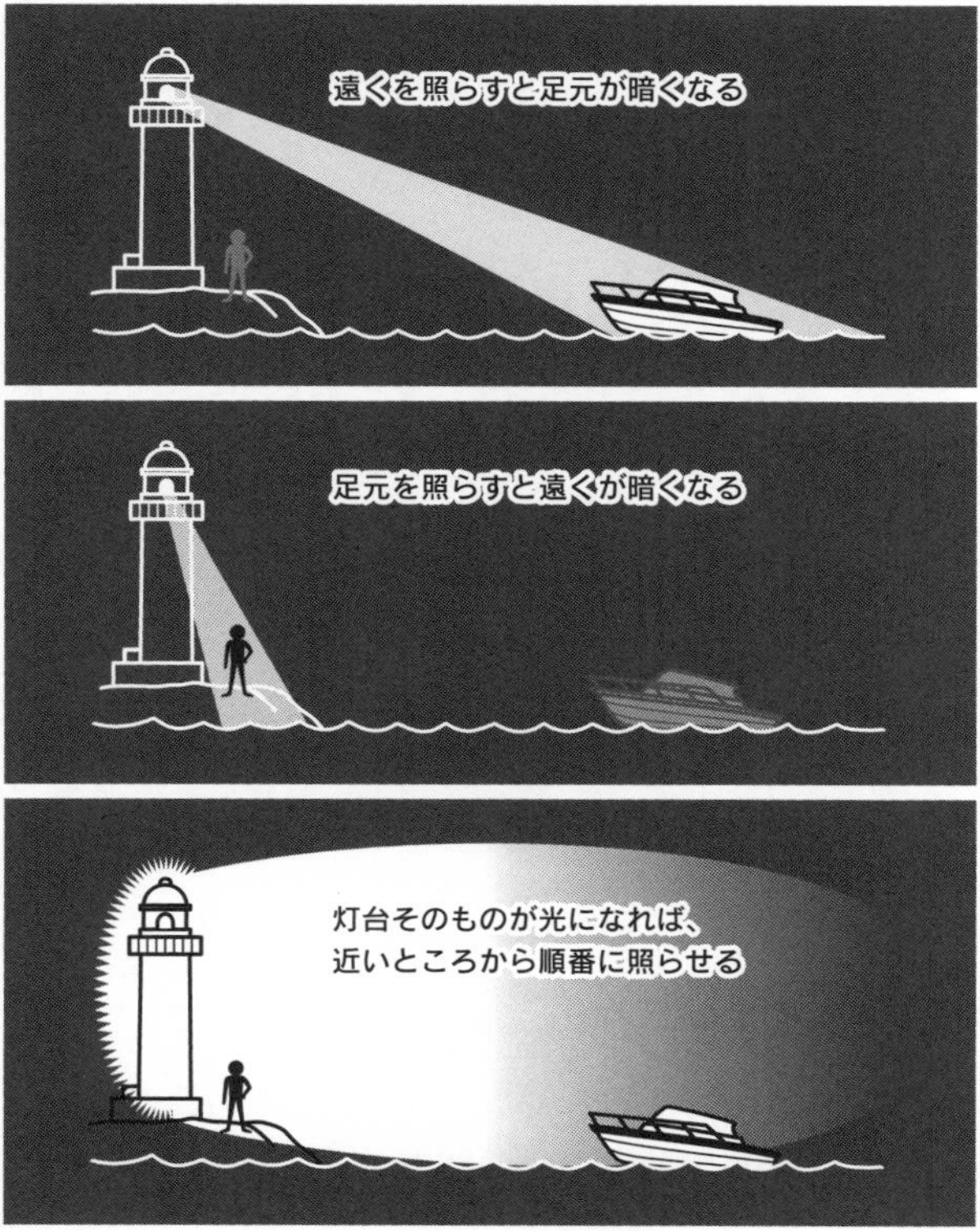
遠くを照らすと足元が暗くなる
足元を照らすと遠くが暗くなる
灯台そのものが光になれば、
近いところから順番に照らせる

その結果、世の中に大きく貢献したり、多くの人の心に明かりを灯したりすることが可能になるのです。

さあ、あなたも光り輝く灯台になってください。

あなた自身が光になってください。

第5章

「原因と結果の法則」に縛られない唯一の方法

●人生の●のおかげで○がたくさん増える

「横の法則」から見ると、人生には幸・不幸がつきものです。

幸を白丸――○、不幸を黒丸――●としたら、あなたの人生はどちらが多いですか。

●のほうが多い、という方に朗報があります。その●のおかげで○がどんどん増えていき、逆に●をどんどん減らすことができる方法があるのです。マイナスと思っていた過去のつらい体験が、あなたにとって良かったことになるのです。

私は五十歳のときに、脳出血で倒れ、半身不随になりました。そのおかげで同じような病気になった人たちの気持ちがよくわかるようになりました。病気で悩み苦しむ人たちをどうすれば助けることができるだろうということを真剣に考えるようになりました。心の病を解消するためのクリニックまで開業することができました。

脳出血～半身不随という●のおかげで、○をたくさん増やすことができたわけです。

●のおかげで○が増えるしくみ

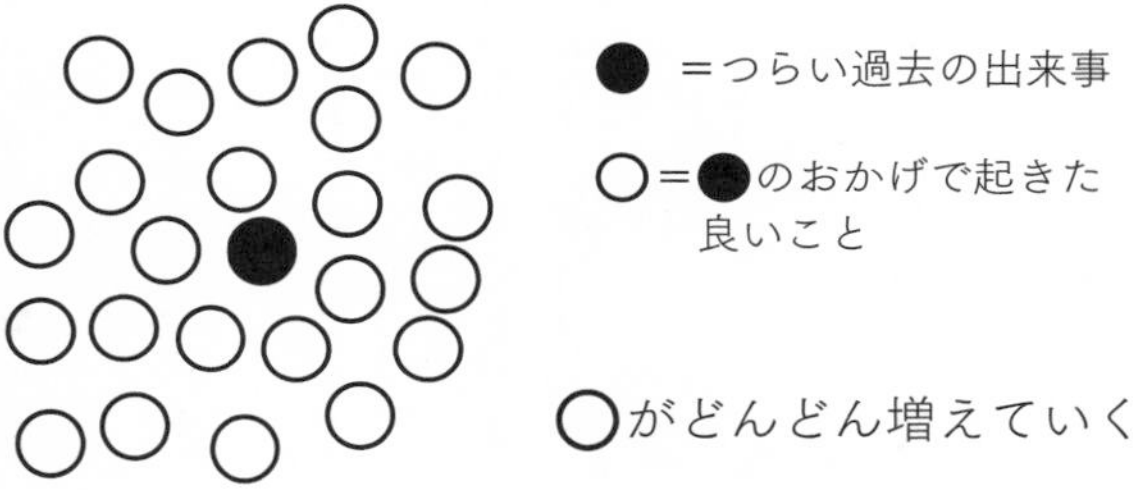
● ＝つらい過去の出来事
○＝●のおかげで起きた良いこと
○がどんどん増えていく

これはほんの一例に過ぎません。私の人生は●を○に塗り替えることの連続でしたが、それによって成功をおさめ、運命までをも好転させることができました。

本章では、まず私がいかにして数々の●を○に転じたかを、これまでの人生の軌跡をたどりながらお話ししていきましょう。

十五歳で就職！　だから良かった

私は昭和二十六年、北海道の美唄《びばい》という炭鉱の町で生まれました。

父親が長期にわたって戦争に行っていたせいもあり、実家はとても貧乏でした。

そんな私の「初●体験」は十四歳のときでした。母親が四十六歳の若さで、脳出血で他界してしまったのです。三日三晩、母の遺影を抱きかかえながら、わんわんと泣き明かしたのを、今でも鮮明に記憶しています。

けれども、それで良かったのです。母が死んだことによって、私には早くから「自分が佐藤家を支えていかなければならない」という自立心が芽生えました。

その結果、十五歳という年齢で集団就職し、上京を果たすことになります。

東京では定時制の高校に通いながら、最初は大手企業の社員食堂の皿洗いとして働き始めました。これがものすごく大変で、毎日、四百人分のお皿を一人で洗わなくてはなりません。同じことを繰り返す単純作業は、つらくてしかたありませんでした。

そのつらい皿洗いの仕事が、あることをきっかけにして、とてもおもしろくなりました。皿洗いをするとき、腕時計を前において、秒針を見ながら、一分間に何枚洗えるか挑戦したのです。

最初は二十枚だったのが、翌日は二十一枚、翌々日は二十二枚というふうに自己記録を更新していくのがおもしろくてたまらなくなり、ついにはどんな先輩たちよりも、皿洗いだけは、私のほうがはるかに上手になりました。

このとき、「仕事というものは受け身でやるものではない。自分から進んで喜んで行えば、つらいどころか、ものすごく楽しくなる」ということを悟ったのです。

実際、不平不満の気持ちを抱きながら受け身で行う仕事と、積極的に前向きな心で自発的に行う仕事とでは、同じ内容であっても、結果として大きな差が生じます。若いうちに、身をもってそのことを体感できたのは、●が○に転じた好例と言っていいのかもしれません。

●実家が火事で全焼！　だから良かった

やがて、私は皿洗いからコック見習いに昇格しました。料理人の世界は厳しいものの、続けていれば、少しずつ料理の腕も上がってきます。

将来の夢も見えてくるようになりました。「故郷にいる家族に楽をさせたい」

と、レストランを何店舗も経営するオーナーになろうという決意を固めたのです。

そのためには、事業資金を貯《た》めなくてはなりません。自分自身をもっと磨く必要もあります。そこでいったん料理の世界から退き、セールスマンになることにしました。

ところが二十三歳のとき、大きな●に遭遇します。北海道の実家が父の不注意で火事になり、全焼してしまったのです。祖母は焼死し、私には帰る家がなくなりました。

でも、やはりこれで良かったのです。祖母の葬式でお坊さんがお経を唱えている最中、亡くなった母親の声が聞こえてきたのです。

「康行、おまえが佐藤家を守るんだよ！」

その瞬間、私の全身は火だるまのように熱く燃えたぎり始めました。

「そうだ、佐藤家を自分が守るんだ」

以来、私はがむしゃらに仕事に打ち込みました。その甲斐あって、成績がみるみる向上。気がつけば、トップセールスマンになっていました。三年で一千万円のお金を貯めることもできました。一九七〇年代のことなので、今の金額に換算すると、五～六千万円の価値はあったかもしれません。

ともかく、実家の火事は●以外の何物でもありませんでしたが、それによってトップセールスマンという○を作り出すことができたのです。


ちなみに、私にセールスの才があったわけではありません。

最初は化粧品のセールスでしたが、訪問する勇気すらなく、ドア・チャイムを押しても、家の人が出てきたらどうしようと思うと、いてもたってもいられず、そのまま逃げ帰ってしまう……なんていうことが、一度ならずありました。

先輩からも「おまえ、セールスの仕事、向いてないいんじゃないの？　辞めたら？」と言われる始末。

そんな私が、なぜトップセールスマンになることができたのでしょうか。

●なぜ、私はトップセールスマンになれたのか

ある中華料理店の主婦に、宝石のセールスをしたときのことです。

そのご婦人は指輪を気に入ってくれて、今にも買ってくれそうな雰囲気でした。「よし、もう一息だ。もう一息で売れるぞ」と思ったその瞬間、自動車のセールスマンが現れました。ご婦人と私はもちろん初対面でしたが、セールスマンとご婦人は顔見知り。そういうこともあったのか、彼が突然こんな暴言を吐き出しました。

「奥さん、指輪はもっと信用できるところから買わないとダメですよ。こんな石ころだか何だかわからないものを、どこの馬の骨だかわからない人間から買って、もしもトラブルになったらどうするんですか」

この言葉で、今までのムードが完全に壊されました。「そう言われればそうね。ちょっと考えさせてもらえない？」と奥さんも言い出し、結局、商談はパーになってしまったのです。

そうなると、私の怒りの矛先は当然セールスマンに向かいます。

「この野郎、営業妨害しやがって！　ぶん殴ってやろうか」

そう思った瞬間、なぜか私の心にブレーキがかかりました。

「待てよ。私は自分を磨くためにセールスの仕事を始めたのだ。ここでケンカをしても何も得られない。よし、考え方を変えてみよう。こいつにあの指輪を買ってもらえばいい。何が何でも買ってもらうんだ。明日、明後日ではない。今日中に！」

しかし、いくら何でも脅して売りつけるわけにはいきません。そこでちょっと頭をひねり、「先輩、私はまだまだ未熟者ですから、セールスのことをいろいろと教えてもらえませんか？」という言葉を口にしました。

言行一致を示すため、ひたすら謙虚に、ひたすら腰を低くしてタバコに火をつけたり、カバンを持ったり……。

こうして、私はそのセールスマンの車に乗り込ませてもらい、一日中ついて回ることになったのです。

●仕事も人生も、自分の心を開拓し続けること

初めのうちは警戒していた相手も、私があまりにも熱心に尋ねるので、「セールスはこうしてやるのだよ」と、次第にいろいろなことをアドバイスしてくれるようになりました。

そして、とうとう彼の自宅にまで同行することに成功しました。そして奥さんの顔を見るなり、セールスを行ったのです。それも生半可なセールスではありません。全身全霊で次のようなことを口にしました。

「奥さん、指輪（宝石）というのは、奥さんが長年身につけて、それからお子さんに残していくものです。お母さんの心を娘さんが受け継いでいくものです。

お母さんが亡くなっても、この指輪は大切な形見として残り、これを見るたびに、娘さんはお母さんに叱られたこと、褒められたことなどを思い出すのです。お母さんの心が代々受け継がれ残っていくのですよ。だから、これは指輪でもなく、宝石でもなく、本当はお母さんの愛そのものなんです」

こうして粘ること数時間。気づいてみれば、夜の十一時を回っています。奥の部屋で、奥さんがそろそろ帰れと言わんばかりに、わざと布団を敷き始めました。しかし「今日中に買ってもらう」と決めた以上、こちらも引き下がるわけにはいきません。寝床についたら、枕元でもセールスを続ける覚悟でいます。

果たして、夜中の十二時になる直前、とうとう奥さんは、当時のお金で四十万円のダイヤモンドの指輪を買ってくれたのです。

これにはご主人、すなわち例のセールスマンもかなり驚いたようです。

「あんたには、勉強させられたよ」

こんな言葉をかけてくれるではありませんか。

日が変わって帰路についた私でしたが、さすがにクタクタ。極限まで全神経を集中させていたので、ふらふらになって倒れそうになりました。

しかし、この瞬間、私はあることを悟りました。

あのセールスマンの奥さんは二万円ほどの安い指輪もたくさんあったにもかかわらず、一番高価なダイヤの指輪を購入してくれた。しかも、最初は私のことを、馬の骨呼ばわりしたご主人の前で……。

なぜ、買ってくれたのだろう？　ご主人もなぜ、セールスの妨害をしなかったのだろう？　そうか。自分の思いが伝わったのだ。

自分は今まで、見込み客とか、買ってくれそうもないとか、この人は好き、この人は難しい……と、勝手に決め込んでいた。でも、それは間違っていた。自分の心の中で制限していたに過ぎない。

セールスとは市場を開拓するのではない。己の心を開拓するものなのだ。

セールスに限ったことではない。あらゆる仕事、人生も、自分の心を開拓し続けることに意義があるのだ。

いずれにしても、このときの体験で、すべての人がお客様に見えてくるようになりました。すべての人が良い人に見えてきたのです。

すると、猛烈に宝石のセールスがうまくいくようになったのです。

●なぜ、私はレストランを七十店舗も展開できたのか

三年間にわたるセールスの仕事で一千万円を貯めた私は、二十六歳のとき、予定どおりレストランを開店しました。スペースは九坪しかなく、人通りも少ないハンディのある場所でした。

ご多分にもれず、当初は苦戦し、一～二年はなかなかお客様に来てもらえませんでした。「それならば……」と、私はひらめいたアイディアを次々と実行していきました。すると、お客様がお客様を呼ぶようになって次第に繁盛店になっていき、店舗数も増やすことができました。

そのアイディアの元になったものこそ、第1章でお話しした「GIVE＝TAKE」の姿勢です。

具体的に言うと、ステーキをオーダーされたら、五分以内に、安価で提供する、というスタイルを考案したのです。

当時、ステーキは高級品で、最低でも五千円以上しました。牛肉を輸入すると

きに、高い関税がかけられていたからです。

そのステーキを一番食べたいのは誰でしょう。食欲旺盛な若者ですよね。でも、若者は、食事にそんな大金なんかかけられません。

私は若者でも気軽に食べられるように千円という値段に設定。大食漢でもお腹《なか》いっぱいになれるよう、ライス食べ放題、もやし食べ放題、というサービスもつけました。

問題は、牛肉をどう安く仕入れるかです。いろいろと考えた末、「通常の牛肉には高い関税がかけられている。それならば、関税がかからない内臓肉にしよう」という結論に行き着き、ハラミを提供することにしたのです。

もちろん、普通に出せばいいというものではありません。ハラミをきれいに切ってステーキらしく施したほか、ポン酢のソース、コショウ味のソースをはじめ、七色のソースを考案。それで肉の味をカバーすることにしました。

当時は、ハラミをステーキにする発想がなかっただけに、これが爆発的に当たり、街の人通りが変わるほど、お客様が押し寄せてくるようになりました。

そうして、チェーン店を次から次へと増やすことに成功するのです。

「損する勇気」が○を増やしてくれる

店舗数が増え、新しいお店をオープンするにあたって、まずやったことがあります。私自身がすべての席に座ってみたのです。

座り心地を確かめるため？　もちろん、それもありますが、最大の目的は、席に座ったお客様の目線を確認することです。

「この席に座ったお客様の目線はまず、どこに行くか」ということを事前に把握し、その目線の先に看板メニューやお勧めメニューを貼っておけば、オーダーしてくれる確率がグンと高まるようになると踏んだのです。

ほかにも徹底させたことがあります。「ステーキを売るな」という発想です。ステーキ屋なのに何を言っているんだと思われるかもしれませんが、私がこだわったのは「ジュー、ジュー」という音と匂いでした。

肉好きの方なら、おわかりいただけると思いますが、あの「ジュー、ジュー」の音と匂い、たまりませんよね。お腹がすいているとき、あの音を聞いて、匂いを嗅いだだけで、よだれが出てきませんか。

そこに着目し、「ステーキを売るのではなく、音と匂いを売りなさい」とスタッフたちに指示したのです。

こんなこともありました。「千円でステーキが食べられる。ライスももやしも食べ放題」をうたい文句にすると、四~五人で来店し、ステーキを一品だけオーダーしてみんなで分け、ライスともやしをたらふく食べまくるという集団が現れます。

これをやられてしまうと、店が赤字になってしまうので、各店舗でも問題となり、「一人一品ずつオーダーする決まりを作ったらどうか」という提案も出されたのですが、店長一人ひとりをなだめるかのように、私は次のように言いました。

「そんなことが許されるお店だったら、サービス満点の店だと大評判になりますよ。口コミがどんどん広まります。そういうお客様がいてもいいじゃないですか。損する勇気を持ちなさい。損する勇気ですよ」

すると、どこのお店もますます繁盛するようになり、一店舗でお客様が一日千二百人という記録を作りました。テレビや新聞の取材が殺到したことも手伝って店舗の数はさらに増えていき、数年のうちに七十店舗にまで拡大させることができたのです。

人生に「もしも」のシミュレーションはナンセンスかもしれませんが、もし、私が「一人一品ずつオーダーする決まり」を作っていたら、ここまで繁盛しなかったかもしれません。

「損して得取れ」とはけだし名言でしょう。損する勇気を持ち続けたからこそ、損という●が店舗数の拡大という○を増やしてくれたような気がしてならないのです。

その根底にあったのは、いつもお客様目線。お客様に喜んでもらってこそ、利益も上がる――まさしく「GIVE＝TAKE」です。

●なぜ、私はレストラン経営の一切を手放したのか

その後もステーキレストランチェーンは快進撃を続け、このままいけばマクド

ナルドだって追い抜けるかのような勢いに見えました。

一方で、私が実業界でどんな成功を遂げたとしても、「それが自分の人生の本当の目標だろうか?」と思うようにもなりました。当時の私は本業の傍ら、悩める人の人生相談やカウンセリングをすでに行っていたのですが、レストランの経営よりも、そちらのほうに意識が向くようになっていたのです。

悩める人が元気になって、勇気と希望を胸に立ち上がっていく姿を目の当たりにすると、こちらまで嬉《うれ》しくなってきます。私の話を聞いて感動し、感謝までしてくれる。とても幸せな気分です。

一方で、成功者と言われる人たちが集まる会などにも顔を出していたのですが、そちらのほうはみんな自分の自慢話ばかりで、ちっともおもしろくない。そうなると本業にも身が入らなくなります。新メニューを開発する研究室へ一歩足を踏み入れただけで、息苦しくなってしまう。社員から「社長、今日の午後は店舗数拡大のための戦略会議ですよ」と報告を受けるたびに、ゾッとする。チェーン店っていうのは、店を増やし続けていかないといけない宿命があります。

「いったい、自分はどちらの道を選択すればいいのか？」

その板挟みになった私は、精神的に行き詰まり、気が狂いそうになって、自分の顔をひっかき、血だらけになったこともありました。自分はこのまま指一本触れずとも死ぬことができると実感もしました。たとえて言えば、車が壁にぶつかると大破しますね。でも二十キロでぶつかるのと、八十キロでぶつかるのでは、その衝撃が違います。私の場合、ものすごいパワーで突き進んできたぶん、すごい勢いで壁にぶつかって粉々になった感じでした。

しかし私は解決策を外に求めず、自分の内側に問い続けました。一年近く経《た》った頃、瞑想《めいそう》中に心のドアがパタパタと開き、太陽の光がストーンと入ってきて、魂がスーッと上がった感覚にとらわれました。今思えば、私が「本当の自分」、つまり〝まんまる〟に目覚めた瞬間だったかもしれません。使命・天命がある人には、そういうふうに「選ばされる瞬間」が訪れるのでしょうか。

そんなとき、ちょうどO－157や狂牛病が世の話題となって、業績も落ちてきました。天が「もう辞めろ」と言っているような気がして、ついに決意しました。

「経営者としてバリバリやることよりも、多くの人の心を幸せな方向に導くことこそが、私の本当の使命だ」

もう、迷うことはありません。後は我が道を進み、使命を全うするのみ。

こうして私は一九九一年、四十歳のときに、七十店舗もあったステーキレストランの経営権のすべてを譲渡しました。そして、悩める人たちを救うべく「心の学校」を設立したのです。

●脳出血で半身不随に！　だから良かった

以来、私は多くの人たちが「本当の自分」に目覚めるためのお手伝いをしてきました。〝まんまる〟に気づくことで、自らの心の内から湧き上がる喜びに感激し、打ち震える人。長年、誰かに対してまったく許すことのできなかった恨み・

つらみが一瞬で消え失せて感謝と喜びに変わっていく人。心のままに生きることで、大きな成功をおさめた人、大躍進を遂げた人。こういう人たちを、どれくらい目の当たりにしてきたことでしょう。政財界、芸能界、スポーツ界など各界の著名人にも、私のカウンセリングを受けて大活躍している方が大勢います。

なすべきときになすべきことをしている。今の自分は最高の人生を送っている――そんな気分でいた私でしたが、五十歳のとき、予想外の大きな不運に見舞われました。

母と同じ脳出血で倒れ、左半身不随になってしまったのです。

要介護度がもっとも重い「5」の認定。寝た切りになるかもしれないと医師から言われたときは、さすがにショックを受けました。

しかし、このまま寝た切りで人生を終わらせるわけにはいかない。

私には「満月の法則」を広め、多くの悩める人を救うという使命がある。

それならば、何としてでも再起しなければ……。蘇《よみがえ》らなければ……。

この真剣な思いが〝まんまる〟と同期したのでしょうか。私は日に日に回復していき、ベッドから車椅子に移動することができるようになりました。歩くときも、初めのうちは四点杖でしたが、ついには一点杖《づえ》へ。麻痺《まひ》が残るものの、基本的に介護不要の生活が送れるようになったのです。

でも、これで良かったのです。

「とんだ災難でしたね」とあなたは言うかもしれません。

決して、強がりで言っているのではありません。体が多少不自由になったことで、「得したこと」がいっぱいあったからです。

体の不自由を補うため、今まで以上に頭を使うようになりました。

体の不自由な人の悩み、心の痛みがよくわかるようになりました。

効率的な移動方法や仕事のやり方をたくさん思いつくようになりました。

他人に仕事を依頼するのが得意になりました。

そして、心の病を解消するためのクリニックを開業することができました。

脳出血という●のおかげで、たくさんの○が生み出せたことに、心から感謝しているのです。

●泥沼は〝まんまる〟からの最高のプレゼント

ここまで長々と私の軌跡をお話ししてきましたが、最近、改めてこう思います。

あのとき母親が死ななかったら……、あのとき実家が火事にならなかったら……、あのとき脳出血で倒れなかったら……。そう考えるだけで、ゾッとします。

母親が死ななかったら、私にはあんなに早く自立心が芽生えなかったでしょう。

実家が火事にならなかったら、「佐藤家はオレが守らなくてはならない」という熱い思いにならなかっただろうし、がむしゃらにセールスの仕事に打ち込むこともなく、トップセールスマンにもなれなかったでしょう。

お金も貯まらず、レストランも開店できなかったでしょう。仮に開店できたとしても、セールスで学んだ「仕事とは己の心を開拓するものである」ということに気づかず、「損する勇気」すら持てなかったと思います。

脳出血で倒れなかったら、健康の大切さやありがたさがわからず、無理を続けて、今頃はもっと大きな病気を患っていたかもしれません。いや、ひょっとしたら、死んでいたかもしれません。

あなたも同じだと思います。たとえ会社をクビになったとしても、失恋（離婚）したとしても、すべて「良かった」のです。

会社をクビになったおかげで、人間関係のしがらみから解放されますよね。自由になれますよね。家族との団らんの時間を多く持つことができますよね。新たな出発ができますよね。能力が生かせる仕事にも就けますよね。そして、何よりリストラに遭って会社をクビになった人の心の痛みがわかるようになりますよね。

こう考えると、●のおかげでたくさんの○が見えてきませんか。

失恋（離婚）も●のままで終わることはありません。そのおかげで、世界中三十五億人の異性が恋愛対象になります。赤い糸で結ばれた運命の人と出会う確率も高くなります。合コンやお見合いパーティーにも、気兼ねすることなく自由に参加できます。失恋（離婚）した人の心の痛みもわかるようになります。

こう考えると、これまたたくさんの○が見えてはきませんか。

あるいは、次のような解釈もできます。

大きな不運に見舞われたら、泥沼に落ちておぼれている状態を想像してみてください。息が吸えないわけだから、苦しくてたまりません。アップアップ……。

「もうダメ」と思った瞬間、底に足がつきました。

そのとき、どんな思いがこみ上げてくるでしょうか。

「助かった！　これで空気が吸える。ありがたい」

それだけで十分満足しませんか。泥沼の中の足元に天国があったことに気づいたのです。

さらに、周りを見渡したとき、「こんなに素晴らしい天国の中に自分はいたのだ。泥沼の周りは全部天国だった」と思えてはきませんか。

そう、不運という泥沼の中に天国があり、そして周りにも天国があることに気づいてもらうための、〝まんまる〟からのプレゼントだと思えてくるかもしれません。

そのおかげで、私たちはたくさんの○を作り出すことができるのです。

●「原因と結果」も同時に変えられる

●のおかげで○がたくさん増やせる。このことを強調してきました。しかし、まだ次のように考える人がいるかもしれません。

「忌まわしい過去のことを思うと、●が○に変わるとはとても思えない。そのせいで、オレはこんなにつらい人生を歩んでいるのだから……。泥沼からは絶対に抜け出せないに決まっている」

これに対する私の返答をお伝えしましょう。

「それでも過去は自由に変えられる」

もっと正確な言い方をすると、「原因と結果の法則」は、根底から変えることができます。

なぜ、はっきり言い切れるかというと、どんな過去であっても、それ自体には固定された意味がないからです。

意味があるとすれば、それはあなたの心にあります。「あれは忌まわしい過去だった」と思う気持ちが、現象面に映し出されているだけです。

たとえるならば、私たちの目の前に起きるあらゆる現象は、映画のスクリーンのようなもの。フィルムにあたるのが、私たちの心だと思ってください。

何かを体験したり、見たり聞いたりしたものはすべて潜在意識にインプットされ、心のフィルムに焼きつけられます。すると、同じような場面に遭遇したときに、心のフィルムが作動して、目の前のスクリーンに現れる（現象）ようになります。

つまり、自分の目の前に現れる出来事は、その人の心が作り出しているのです。フィルムとスクリーンの関係は、「原因と結果の法則」そのものとも言えます。

現在の心には、必ず元になる過去の出来事――原因があります。今の心はその結果に過ぎません。同時に、今の心が原因となって、未来という結果を引き起こします。この繰り返しによって、人生は展開されます。

お金でトラブルを起こす人は、何度も同じことを繰り返します。異性問題でトラブルを起こす人も、同じことを繰り返します。上司と喧嘩《けんか》をして会社を辞めてしまう人は、転職しても同じことを繰り返します。


同じことを繰り返すのは、原因、すなわち過去が変わらないからです。

一般的な成功法則はこの点について「過去は変えられないので、今の心構えを変えることで、未来を変えていく努力をしなさい」と説いています。

それができるくらいなら、苦労はしません。だって、過去のフィルムがある限り、それがスクリーンに映し出されてしまうわけですから……。これでは、どうあがいても、今の心構えだって変えようがないし、未来だって変えようがありません。

ラブストーリーの映画を観《み》たいと思っても、フィルムに戦争の物語が入っていたら、スクリーンをどれだけ変えても、映る映像は戦争映画のまま。それと同じことです。

では、本当に過去は変えようがないのでしょうか。

これからお話しする「満月鏡」に気づけば、絶対に変えられないと思っていた過去を自由に変えることができるようになります。「原因と結果の法則」さえも、自由に変えられるようになります。

それだけではありません。今まで絶対に不可能とされていた、「他人さえも変える」ことができるようになるのです。

●過去も他人も変えられる法則がある

こう言うと、あなたは「えっ？　そんなバカな。タイムマシンでもない限り過去を変えるなんて、ましてや他人を変えることなんてできるわけがない」と思うかもしれません。

その気持ち、よくわかります。だって、「過去と他人は絶対に変えられない」というのが定説ですからね。

過去は決して変えられないことは、成功哲学を説いた人たちも異口同音に口にしてきました。それに加えて、他人まで変えられると言ったら、にわかには信じられないのは当然です。

実際、他人を変えようと考え、「あなたのそういうところがダメ。こうしなさい。ああしなさい」と言っても、相手はなかなか変わってはくれません。変わったかのように思えても、それはあくまで表面上のお芝居。あなたが上司で相手が部下だとしたら、陰で悪口を言われるのがオチです。伴侶、子ども、兄弟（姉妹）といった家族、友達も例外ではないことは、あなたもよくご存じのはずです。

それでも私は声を大にして言います。

「過去も他人も変えられる。どんな過去でも、どんな相手でも」

それが、フィルムの中味をまったく新しいものに変える方法です。

フィルムの中味が変わると、瞬時にあなたの思い、考え方が変わります。思い、考え方が変わると、行動も変わるようになり、他人に対する接し方・言動も変わるようになります。「おまえのことが憎くてたまらない」だったのが、心の底から「あなたのおかげです」になってしまいます。

すると、相手もすぐさま反応し、相手もあなたに対して接し方・言動を変えるようになります。それも表面上のお芝居ではありません。相手もまた「こっちこそ、おまえのことが憎くてたまらない」だったのが、心の底から「こちらこそ、あなたのおかげです」になってしまいます。

「でも、フィルムの中味をそんな簡単に変えることができるの？」とあなたは思うかもしれません。

それができるのです。なぜならば、フィルムに焼きついたものは、もともとはあなたの心の中にある過去の「心のゴミ」がこびりついたものであって、それさえきれいに取り除けば、何も記録されていないゼロの状態にリセットできるからです。

第1章で述べた「キャンバス」にたとえて言えば、キャンバスに描かれた過去の記憶という模様があっという間に消えて、真っ白になり、新しい模様が自由に描けるようになるのです。

●「満月鏡」は真実だけを映し出す

私たちの悩みや苦しみの元は、すべて人間関係にあります。

親子、夫婦、職場、お客様……すべて人間関係です。たとえ山の中に一人でこもって人との関係を断ったとしても、自分との人間関係があります。

それらを全部愛せたらいいですよね。

みんなに感謝できたらいいですよね。

みんなと調和できたらいいですよね。

そうしたら、一つの大きな力が生まれます。

会う人会う人みんな大好きになれたら、相手もあなたの協力者になってくれます。味方になってくれます。情報も集まってくるでしょう。

しかし、私たちは生まれてから今日までに出会った人や経験したこととの「記

「三日月鏡」と「満月鏡」

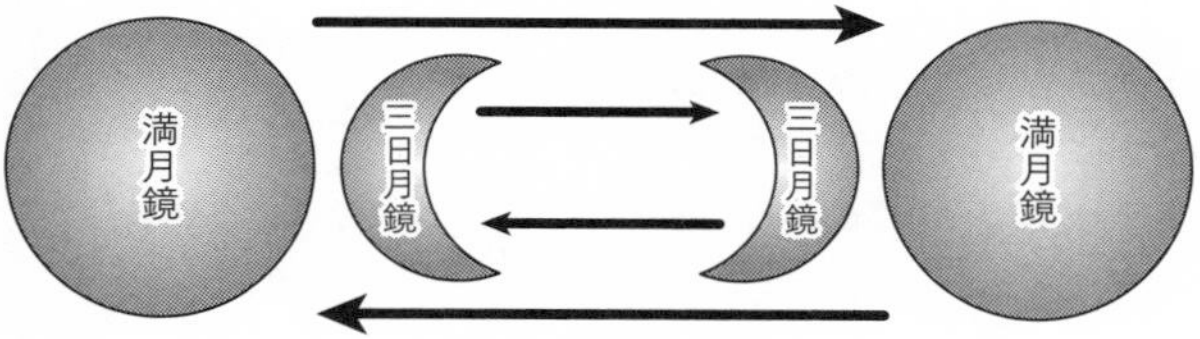

憶」をもとに、物事を判断します。

相手に対する印象もそうです。初めて会ったときに感じる第一印象というのも、じつは過去の記憶をもとにしているのですよ。

直感と言われるものも、「こういうタイプはこうだな」なんていうふうに、過去のさまざまな記憶の中から判断して導き出しているのです。

そもそも、相手の三日月、つまり不完全な部分だけを見たら、みんな問題があるのです。「私は完璧だ」と自分で思える人なんていないですよね。

もし、自分が十点だとしたら、十点の自分が人を評価するのですよ。「あいつは、なっちゃいないな」と。当然、相手も「そっちこそ、なってないじゃないか」と反撃します。

あなたの欠点ばかり探して指摘してくる人がいたら、あなたも「なんだ、この野郎」と感じるはずです。そういうことを繰り返しているうちに、その記憶が積み重なっていきます。

それがもとで相手から責められたり、「なんであんなこと言ってしまったのか」と自分を責めて落ち込んだり、うつ病になったりするわけです。

そういった三日月の心、満月を見ない心が相手に映り、相手の心が自分に映ります。

自分が怖い顔をすると、相手からもそれが返ってくる。自分がした態度と同じような態度になって返ってくる。いわば、反射鏡ですね。

これが「鏡の法則」のしくみです。

でも、この鏡は「三日月鏡」に過ぎません。見えたものがそのまま返ってくるだけだからです。

私が発見した「満月鏡」は違います。

「満月鏡」には、相手の神が自分に映り、自分の神が相手に映ります。
すると、どういうことが起こるか。

鏡に映る姿そのものが美しく変身します。
心の中の業（カルマ）、トラウマ、因縁といったものが消えていきます。
運命が大好転していきます。

業（カルマ）とかトラウマとか因縁とかいうのも、みんな過去の記憶なわけです。三日月という月が存在しないように、すべてまんまるという前提で捉えたら消えてなくなります。

人間はみんなまんまる。
三日月の奥にあるまんまるを、互いにまんまるとして扱う。
「あなたは素晴らしい」と口に出さなくても、心でそう思う。

そうすると、まもなく、まんまるがまんまるとして見えてきます。

同時に、今まで見えていた三日月が、見えなくなるのです。

試しに、夜空の三日月を、もう一度見てください。

最初から満月という真実を押し通していったら、必ず満月が現れると同時に、三日月が消えるでしょう。

なぜなら、三日月は人間の脳の認識の世界であり、実相は満月だからです。

その事実がわかれば、人生が一変することをお約束します。

●「原因と結果の法則」と「鏡の法則」を超える法則

「原因と結果の法則」に縛られているときは、本当の自分を見失ってしまいます。

私はこれを「偽りの自分」と呼んでいます。

偽りの自分から自分を見ると、そのまま反射して跳ね返ります。

自分の考え方や行為が跳ね返ってくるわけです。

「オレは何をやってもダメ」と思い続けながら仕事をしていると（原因）、次もダメな成果（結果）しか出せなかった……というケースなどは、その典型と言っていいでしょう。

人間関係も同じで、偽りの自分から他人を見ると、そのまま反射して跳ね返ってきます。「あいつといると不快になる」と思っていると、相手がずっと不快な態度を取り続けるようになるのは、このためです。

他人に対しても同じです。本当の自分から他人を見ることができるようになると、どの人も三日月ではなく、満月だったことに気づくようになります。

〝まんまる〟の世界には、他人に対する好き嫌い・損得というものがなく、みんな自分の味方、素晴らしい人にしか思えなくなります。

今までは「不快な人」だったのが、「自分に力をつけさせてくれる人」「自分を成長させてくれる協力者」にしか見えなくなってしまうのです。

そういう気持ちで相手に接していくとどうなると思いますか？

相手もあなたという人間の本体（満月）を見るようになり、近寄れば近寄るほど、相手はあなたの素晴らしさを見てくれるようになります。

その結果、「あなたも相手のことが大好き。相手もあなたのことが大好き」という関係が築けるようになるのです。


過去だけではなく、他人も変えられると言った理由が、おわかりいただけたのではないでしょうか。

何だか希望が湧いてきて、ワクワクしてきませんか。

過去の記憶を完全に変えることで、フィルムが完全にリセットできたら、あなたはどんな脚本を新たに書き、どんな映像をスクリーンに映し出しますか？

今まで悪役・敵役だったあの人に、今度はどんな役で、あなたの人生ドラマに出演してもらいますか？　親友ですか？　ビジネスパートナーですか？　それとも最愛の伴侶でしょうか。その人たちとどんな物語をつむいでいくのでしょう。


確実に言えるのは、〝まんまる〟が総合プロデューサーである以上、ストーリーはハッピーの連続。ラストもハッピーエンドで締めくくられるということです。

●「答え」が先にわかると、「問題」は消えてなくなる

本当の自分を知ることは、人間にとって永遠のテーマです。

それは「悟りを開く」ことにほかなりません。これまで多くの聖人・賢者と呼ばれる人たちが挑み続けてきました。

そのうち、何人かの人たちは悟りの境地に至ったとされていますが、それが弟子たちによって継承されたとしても、世の中に正しく広がった例は、いったいどれほどあるでしょう？

現実の日常生活に生かしている人は、いったいどれほどいるでしょう？

問題なのは、悟りを開いた人は教祖化し、崇《あが》め奉られてしまうこと。教えそのものも時代の流れとともに形骸化・儀礼化したり、組織の存続・拡大が主目的になっていたりするような気がしてなりません。

なかにはどの宗教にも属することなく、人里離れた山奥にこもって難行苦行の末、自力で悟りの境地を開いたとされる人もいますが、そういう人たちはどちら

かというと変人扱いされ、世間から浮いた存在になってしまっています。

また、悟りの境地にまでは至らないにしても、「生き方」や「心」に関する膨大な書物を読み、口では立派な講釈を垂れる人がいます。

でも、そういう人に限って、仕事がまったくできなかったりするのがおもしろいところ。調和が大切だ、愛が大切だと言いながら、人間関係でトラブルを起こしたり、夫婦喧嘩・親子喧嘩が絶えなかったりします。

知っていることと、やっていることの間に矛盾・落差があるのです。

「小聖は山で悟り、大聖は町で悟る」という言葉があります。

人里離れた山奥で難行苦行の末、悟ったつもりになっても、それは本当の悟りとは言えない。混沌《こんとん》とした俗世間の中で、日常生活の中で、ドロドロとした人間関係の中で、悟りを生かしてこそ本物という意味です。

「満月の法則」がまさにそうです。

本当の自分は〝まんまる〟そのもの。

そのことを前提に、これからは不完全から自分を見るのではなく、完璧から自分を見るようにしてほしいと切に願います。

立派ではない人間が立派になろうと考えるのではなく、すでに自分は立派、完璧。登山にたとえて言えば、「もうすでに頂上にいる。これ以上、登る必要などない」という状態です。

後は野に下って、町という現実社会――日常生活の中で「満月の法則」を生かすのみです。

仕事や人間関係や健康の悩みはなくなり、つき合う人も、入ってくる情報も、生活スタイルも、何もかも良い方向に変わるようになります。

トラブルやアクシデントに遭遇しても、困難に見舞われても、〝まんまる〟の世界から物事を素通しで見られるので、「どうすればいいか」の判断が的確につくようになります。問題を解決するためのベストアンサーが先にわかると言ったほうが正確でしょうか。

五×二＝十ですよね。五×二が「問題」、十が「答え」です。

今まで、五×二＝？　で頭を悩ませていたら、これからは十という答えが先にあるので、五×二＝？　に頭を悩ませる必要がなくなるわけです。問題――悩みそのものがなくなっていくのです。

数式同様、答えから問題を見ると、すべての問題は瞬時に消えてしまいます。

川が海に流れ込むのがゴールだとしたら、そのゴールから川を見るのです。

湧水からこっちへ向かって間違いなく流れ込んでいるのがわかるのですから、途中で蛇行しようが岩にぶつかろうが、安心できます。

これからどこへ流れ着くのだろうと思うから、心配したり迷ったりするわけです。

そのしくみに気づくだけで、やることなすことがうまくいくようになります。

人生がホールインワンの連続となります。

生きる素晴らしさ、生きる喜び、生きるありがたさといったものが、毎日体感できるようになります。

それはとりもなおさず、あなたの魂が成長した証《あかし》です。

〝まんまる〟が海だとしたら、あなたの魂は波のようなもの。

これからも〝まんまる〟と一心同体で生きていくことができるのです。

エピローグ

本書は「満月の法則」という、世界初の法則のデビュー作です。あなたが最初の体現者になるのです。

日本の社会や世界を見るとき、三日月で見たらどうなるでしょうか。

過去の歴史がすべて物語っています。ほとんどすべてが争い、戦争の歴史です。個々の人間も同じでしょう。男女が愛し合い結婚したはずなのに、いつしか恨み合い、憎しみ合い、その余波が子どもにまで押し寄せます。

仕事はどうでしょうか。仕事本来の意義は、自分に、他人に、社会全体に喜びを与えることにあります。にもかかわらず、己の欲得のみを追求すると、どうしても競争原理――争いに目を奪われます。

その余波を受けた人が心を病んでしまっているのが実情ではないですか。

私たち人間は、本当にそういった争いを求めているのでしょうか。相手をねじ伏せ、叩《たた》きのめし、勝ち誇ることに喜びを感じるようにできているのでしょうか。

いいえ、そんなことは決してありません。

私は三十年間にわたり、研修・講演・面談などを通して、四十三万人以上の人たちの心の内を見てきました。その中に、争いを好む人、争いを求める人は一人もいませんでした。全員が共通して抱いていたのは「人を愛したい」「人のために役に立ちたい」という心でした。

そう、みんな心の奥には「満月の心」、すなわち〝まんまる〟があるのです。

すでにどの人の内にも存在し、その人の手で引き出され、生かされることを、ずっと待ち望んでいる「満月の心」。

これをそのまま引き出して生きていけたら、どうでしょうか。

個々の家庭、ビジネスシーン、日本の社会、そして世界からいっさいの争いがなくなるとは思いませんか。

何もかもうまくいき、一人ひとりが幸せになれるとは思いませんか。

仮に災難が起きたとしても、大切な気づきが得られるとは思いませんか。

災難と言えば、東日本大震災のときがそうでした。あの直後、人間の中にある愛そのものが出てきましたよね。助け合う心が出てきましたよね。物質的な価観ではないものが出てきましたよね。忘れかけていた日本人としての尊さ・大和魂が認識できましたよね。これこそ「満月の心」、私たちが〝まんまる〟そのものである証《あかし》です。

大切なのは、災難が起きたときだけではなく、いつも「満月の心」でいること。〝まんまる〟そのものとして行動すること。それが二十一世紀を生きる私たちにとっての共通の使命と言っていいのではないでしょうか。

壁にぶつかったとき、人生に疑問を感じたとき、将来に不安を感じたとき、本書を繰り返し読んでみてください。

あなたという人間が〝まんまる〟そのものであるということを忘れないために。いいえ、人生がうまくいっているときこそ、本書をめくるのを日課にしてほしいと思います。

そのたびに、今まで見えなかったものが見えてくるようになります。

忘れていたことが思い出せるようになります。

求めていたことがはっきりとわかるようになります。

自分にとって望ましい生き方に気づくようになります。
あなたの人生はますます光り輝くものとなるでしょう。
あなたは「本当の自分」で自分を生き切ることになるからです。
どうか、あなた自身が満月として生き切ってください。
最後までお読みいただき、ありがとうございました。

佐藤康行

佐藤康行 公式サイト
HP https://satoyasuyuki.com/

心の学校 アイジーエー
HP https://www.shinga.com/
TEL 03-5962-3541
FAX 03-5962-3748
E-mail info@shinga.com

単行本　二〇一六年　サンマーク出版刊

サンマーク
文庫

一瞬で悩みが消えてなくなる
満月の法則

2021年3月10日　初版印刷
2021年3月20日　初版発行

著者　佐藤康行
発行人　植木宣隆
発行所　株式会社サンマーク出版
東京都新宿区高田馬場2-16-11
電話 03-5272-3166

フォーマットデザイン　重原 隆
本文DTP　山中 央
印刷・製本　中央精版印刷株式会社

落丁・乱丁本はお取り替えいたします。
定価はカバーに表示してあります。

ISBN978-4-7631-6123-9　C0130

ホームページ　https://www.sunmark.co.jp